우리는 어떻게
단단한 어른이 되는가

우리는 어떻게 단단한 어른이 되는가

초판 1쇄 2022년 08월 30일

지은이 이수진 | **펴낸이** 송영화 | **펴낸곳** 굿위즈덤 | **총괄** 임종익

등록 제 2020-000123호 | **주소** 서울시 마포구 양화로 133 서교타워 711호

전화 02) 322-7803 | **팩스** 02) 6007-1845 | **이메일** gwbooks@hanmail.net

© 이수진, 굿위즈덤 2022, *Printed in Korea*.

ISBN 979-11-92259-55-0 03190 | **값** 15,000원

A Humanities Classic Reading

우리는 어떻게
단단한 어른이 되는가

이수진 지음   굿위즈덤

인문고전을 읽는 일은 전방위의 관점으로 세계를 내다볼 수 있다는 면에서 매우 흥미롭습니다. 같은 인문고전이라 할지라도 때와 장소에 따라서 얼마든지 다른 읽기의 관점으로 해석 가능한 점 또한 흥미롭고 특별합니다. 그것이 독서의 즐거움이며 묘미이며 힘이라 생각합니다.

10여 년의 기간 동안 20대 청년들과 동·서양 인문고전(이하 인문고전) 읽기를 해 왔습니다. 청년들과 생각을 나누고, 토론을 하고, 글을 쓰면서 다양한 읽기와 활동을 했습니다. 그 과정은 책을 잘 읽고 글을 잘 쓰는 일이 세상을 이롭게 할 수 있다는 것을 알아가는 필요의 시간이었습니다. 간혹, 당장의 읽기 시간에는 잘 몰랐지만, 진로 결정과 삶의 비전을 세우는 데 인문고전 읽기가 도움이 되었다는 메시지가 옵니다. 이는 읽기의 보람과 쓸모를 확인하는 일이어서 그때마다 감동을 받습니다.

인문고전을 읽으면서 그 안에 깃든 교훈을 얻는 것은 중요합니다. 하지만 우리의 읽기는 교훈을 얻는 것에만 목적이 있지는 않습니다. 인문고전을 읽는 일은 인문고전이 지닌 당대의 삶과 사회의 모습을 이해하고, 이를 비판적으로 바라보면서 반성적 사유를 하는 데에 더 큰 의미가 있습니다. 그것은 당대의 역사가 어떻게 빚어졌는지를 인문정신으로 바라보면서, 현재 우리가 살아가는 시대의 모습과 나의 모습, 나아가 우리의 미래를 통찰하는 일이기 때문입니다.

인문고전은 인간을 이롭게 하는 이야기가 들어 있는 책을 총칭합니다. 일정한 시간을 거친 고전은, 지금도 끊임없이 폭넓게 읽혀지고, 재해석되고, 평가되는 작품들입니다. 우리가 인문고전이라는 범주에 넣은 책은 적어도 100년에서 3세기 이상을 걸치는 시간 동안 수많은 고난을 겪고 이겨내면서 지금의 자리에 서 있는 책입니다. 사람에게 인생사가 있듯 고전에게도 고전사가 있습니다. 한 시대를 통과하면서 당대 사회와 문명에 성장과 소멸로 관여하고, 그 힘으로 자신의 가치를 지켜내고 버티면서 견뎌온 것이 한 권마다의 인문고전입니다. 인문고전 읽기가 그리 쉽지만은 않은 이유는 여기에 있습니다.

특히 20대에게 인문고전 읽기는 다소 어렵습니다. 그리고 매우 낯섭니다. 중·고등교과 과정에서 읽기는 시험을 위한 문제풀이에 집중돼 있습니다. 읽기의 방향성이 하나입니다. 인문고전 독서처럼 다양한 답이 가능한 읽기는 경험이 미약합니다. 이처럼 성장과정에서 구조화된 의식과 생각의 패턴을 갑자기 바꾸기는 어렵습니다. 또한 인문고전 안에 사람과 사회, 역사, 문화 등의 지식이 모자람 없이 담겨 있다고 해도, 생각하고 탐구하면서 읽는 습관을 하루아침에 들이기도 힘듭니다.

그럼에도 인문고전은 우리가 살아가는 데 필요한 진리와 지혜 등을 얻을 수 있는 보고라는 점에서 20대가 꼭 읽어야 할 책입니다. 인문고전은 우리의 오래된 미래입니다. 하지만 아무리 좋은 의미가 깃든 고전이라 해도, 읽지 않으면 아무 가치가 없습니다. 그동안 20대 청년들과 인문고전을 즐겁게 읽기도 했고, 어느 땐 읽기의 어려움에 부닥치기도 했습니다. 인문고전을 오래된 벗을 만나듯 격 없이 대하는 데는 아무래도 시간이 필요할 겁니다. 그 시간을 조금 당겨볼 수 있는 방법이 무엇일까를 오래 고민해왔습니다. 그 고민을 나름 정리하여 『우리는 어떻게 단단한 어른이 되는가』를 마련하였습니다. 이 책은 전체 4장으로 구성하였으며, 1, 2, 4장에서는 '인문고전을 어떻게 대해야 하는지, 읽기는 어떻게 해야 하는지, 인문고전에서 무엇을 얻을 수 있는지, 인문고전을 통해 진정한 나의 계발을 어떻게 도모할 수 있는지' 등에 대한 내용을 중심으로 정리하였습니다. 3장에서는 인문고전 명저를 실제 살피면서 인문고전이 빚어낸 가치를 탐구하여, 읽기를 보다 깊이 이해하는 기쁨을 나누고자 하였습니다.

20대 청년들이 인문고전 독서를 하면서 자기 삶의 준거를 마련할 수 있도록, 같이 고민해온 주제를 중심으로 쓰려고 노력하였습니다. 인문고전 독서를 하는 일은 나의 어제와 지금을 견인하여 미래를 설계해줄 멘토를 만나는 일과 같습니다. 또한 나의 어제를 오늘로 통합해 내 삶을 새롭게 구성해 나가는 기회를 마련하는 일이기도 합니다.

그동안 동·서양 인문고전 읽기에 참여해준 20대 청년들과, 인문고전 독서의 효용에 대해 같이 고민해준 동료 선생님들께 감사의 말씀을 드립니다. 이 책이 나오기까지 전폭적인 지원과 성원을 해 주신 소중한 인연 김태광 선생님(한책협 대표)과 권동희 선생님(위닝북스 대표)께도 감사 인사를 전합니다. 여러 선생님들의 도움이 있어서 이 책이 세상에 나오게 되었습니다. 다음 번 책 쓰기에서도 같이 해 주시면 영예겠습니다.

"(인문고전 독서는) 함대가 우리 영혼으로 들어오는 것"과 같다는 뵈브의 말처럼, 『우리는 어떻게 단단한 어른이 되는가』가 자기 삶의 변화를 도모하는 청년들에게 부름 받기를 바랍니다. 그 부름이 삶을 뒤흔들며, 오늘을 올바르게 빚는 시간에 간여하길 바랍니다. 또한 20대 청년들이 『우리는 어떻게 단단한 어른이 되는가』를 고민의 응답서로 널리 애용하길 바랍니다. 이를 기반으로 인문고전 독서를 생활화하여 단단한 어른이 되길 바랍니다.

– 2022년 여름, 이수진

목 차

PART 1

。

삶을 단단하게 만드는
인문고전 독서

01

○

20대를 위한 자리는
어디인가?

인터넷 뉴스로 2022년 건강보험심사평가원이 낸 자료를 읽었다. 정신 건강과 관련한 내용이다. 자료에 의하면, 최근 한국의 20대 중 절반 가까이가 우울증과 불안장애를 겪고 있다고 한다. 어렵고 힘들지 않은 세대가 어디 있을까마는, 요즘 젊은이들은 그 어느 시대보다 힘든 시기를 겪고 있다.

심리학자 곽금주는 '20대 때는 마음껏 흔들리고 아낌없이 실패할 때'라고 했다. 그 설명에는 일단 동의한다. 20대를 지나온 이들 모두 이 말에서 자유롭기는 어려울 것이다. 그럼에도 불구하고 4차 산업혁명 시대인

현대에 조응하기 위해, 20대는 수많은 계획을 세웠다 무너뜨려야 한다. 인생을 설계하고 지우면서 미생의 시간을 통과해야 한다. 이 시대 젊은 이들만이 감당해야 할 어려움이 있는 것이다. 그런 시각에서 보면 모든 세대는 그 시대만이 지닌 고난과 특성이 있을 수밖에 없다.

미생의 시간

누군가 나에게 다시 돌아갈 수 있다면, 어느 시절로 돌아가 살겠냐고 묻는다면, 나는 망설이지 않고 20대라고 말하련다. 나의 20대는 우울의 시절이었고 불안의 날들이었다. 20대를 대학입시의 실패로 시작한 탓에 '실패'로 인한 좌절감을 가장 먼저 맛보았기 때문이다. 그로 인해 나의 그 시절은 매우 어둡고 무거웠다.

그때 나는 대학입시 실패를 무슨 생의 최후 선고처럼 받아들였다. 그런 마음이 든 이유는 나에 대한 실망 때문만이 아니었다. 그보다는 부모와 형제 그리고 주변인들을 실망시켰다는 자책감이 앞섰기 때문이어서 나의 하루하루는 늘 편치 않았다. 그들에게 인정받고 싶었던 욕구가 실패로 돌아가자, 문제의 책임은 고스란히 내 것이 되었다. 나보다 가족의 체면을 더 중요하게 여겼던 당시의 나는, 자아정체감을 정립하지 못한 상태에서 나를 불신하고 끝내 나로부터 나를 타인으로 만들었다.

이후 나의 삶은 '마치 매트릭스 같았다.' 해도 과언이 아니다. 누군가에게 인정받기 위해 몸부림쳤던 일들이 무효가 되면서, 두리번거리는 습관을 가지게 되었다. 두 발을 땅에 딛지 못하고, 공중으로 살짝 들린 채로 살아갔다. 그러다 보니 세상은 나를 제외한 모든 것이 다 좋아 보였고, 할 수 있는 일들이 많아 보였다. 하지만 어디서도 자신감은 뿜어져 나오지 않았고, 열패감이 먼저 앞섰다. 그때 알았다. 하고 싶은 일이 너무 많은 것은, 정작 할 수 있는 일이 아무것도 없기 때문이라는 것을.

그때부터 그랬던 것 같다. 나는 나도 모르게 세상을 걱정하는 습관이 생겼다. 이를테면 아침을 먹으면서 이웃의 저녁을 걱정하고, 취업 면접도 보기 전에 낙방하면 어쩌나 걱정하고, 친구와 약속이 있을 때면 비가 오지는 않을지, 무얼 먹어야 좋을지, 무슨 이야기를 하면 괜찮을지…등등. 미래의 시간을 당겨오는 버릇, 일어나지 않은 일을 미리 걱정하는 버릇, 남의 걱정을 내 일처럼 사서 하는 버릇이 생긴 것이다.

남들은 별일 아니라고 치부하는 것들이 내게는 모두 별일이었다. 그때 나는 그것을 세상에 대한 애정이라 착각했던 것 같다. 그걸 보고 '정이 많다'라고 하는 소리가 좋았고, '배려하는 마음이 있다'라고 하는 소리가 좋았고, 그밖에 '인성이 좋으네, 친절하네'와 같은 말을 들으면서 스스로 잘 살고 있다는 정당성을 만들어내기도 했다. 그러다 가끔 도대체 그런 삶이 어떻게 나의 것이 된 걸까? 하는 의구심이 일기도 했다. 나는 그러는 내가 불편했다.

독서에서 찾은 마음의 자리

카프카가 그랬다. 세상이 병들었는데 아무도 아픈 사람이 없다고. 20대의 마음은 자신만의 사정과 속앓이로 신음하면서도 누군가에게 들키는 것을 죽기보다 싫어한다. 그러니 겉으로는 모두 멀쩡해 보이지만 알고 보면 모두 아프다. 나 역시 걱정을 만들어서 하는 마음의 병이 들어 있었다. 사실 그때는 그게 마음의 병인 줄도 몰랐다.

어느 날 침대에 누워 파리 한 마리를 눈으로 좇으며 멍 때리고 있었다. 파리는 천장과 벽과 옷가지에 앉았다 날아가길 거듭했다. 그러다 어느 순간 빛바랜 책머리에 앉아 움직이지 않았다. 나도 파리가 앉은 자리를 보면서, 파리가 붙들고 있는 듯한 그 책을 보게 되었다. 그것은 그림동화 『백설공주』였다. 다 자란 조카들이 방치해놓은 책이었다. 나는 나도 모르게 그 책을 꺼내 읽다가 허리를 곧추세우며 일어났다. 무언가가 내 등짝을 세게 때리는 것 같았다.

생각할수록 웃긴 일이다. 세상 다 산 것 같은 표정을 짓고 심란하게 지내던 사람이 그림동화에 화들짝 놀라다니. 20대의 불안과 초조가 아이러니하게도 '동화'의 세계에서 깨어나다니. 나는 나의 마음을 받아들이기 어려웠다. 하지만 또 한편으론 이 마음이 무언가 싶기도 했다. 끌리는 데는 끌리는 이유가 분명 있는 법이니까. 아무래도 무언가 해결하고 넘어가야 할 어떤 지점이 있는데, 그것을 방치하고 있을지도 모른다는 생각이 들었다. 지금 생각하면 그 또한 엉뚱한 발상이지만, 나는 그때 나의 유치함을 받아들였다.

『백설공주』를 읽으면서 나는 세 번의 손님맞이와 세 번의 위험과 세 번의 죽을 고비를 넘기는 공주의 마음에 관심을 가졌다. 낯모르는 사람에게 무조건 친절을 베풀고 보는 백설공주의 무경계가, 남의 일을 내 일처럼 걱정하는 내 마음과 흡사하다는 생각이 들었다. 그런 연유로 나는 그 자리에서 그 책을 몇 번에 걸쳐 읽고 다시 읽었다.

숲 속에서 살기 시작한 백설공주는 난쟁이들과 함께 지낸다. 낮 동안 난쟁이들은 일터로 향하고 백설공주는 혼자 집을 지킨다. 혼자 있는 시간에 세 번의 낯선 방문자가 찾아온다. 첫 번째 방문자는 방물장수 할머니다. 백설공주는 방문자가 있다는 사실에 기뻐하며 낯모르는 할머니를 반갑게 맞이한다. 집 안까지 들어온 방물장수 할머니는 화장품 같은 물건, 바느질이 잘 된 레이스, 장신구 등을 내놓으며 공주를 현혹한다. 이내 유혹에 사로잡힌 공주가 자신이 파는 물건들을 구경하는 틈을 타 레이스로 목을 조여 기절시킨다. 공주는 죽음 직전까지 갔으나 다행히 때 맞춰 집으로 돌아온 일곱 난쟁이들 덕분에 살아나게 된다.

두 번째 방문자는 빗을 파는 또 다른 행상 할머니다. 이 할머니는 공주의 머리카락을 독 묻은 빗으로 빗어주면서 공주의 온몸에 독이 퍼지게 한다. 공주는 죽음 직전까지 갔으나 이때도 때맞춰 돌아온 일곱 난쟁이가 빗을 빼내면서 간신히 살아난다. 세 번째 방문자는 사과를 파는 할머니다. 공주는 낯선 할머니가 내민 사과에 독이 묻어 있는지 없는지 의심하지 않고 냉큼 받아 베어 먹고는 그대로 깊은 잠에 빠져버린다. 이때도 역시 일곱 난쟁이가 구해준다.

왕비가 분장한 낯선 방문자 할머니를 백설공주는 계속 환대한다. 죽음의 위협을 당하면서도 매번 문을 열어주고 맞이한다. 왜 그랬을까? 백설공주가 진정으로 원한 것은 무엇이었을까? 궁궐에서 버려진 채 낯선 집에 들어가 살던 그녀가 정말 절실하게 필요로 한 것은 무엇이었을까? 여러 궁금증을 모으다가 '혼자'라는 말에 멈추었다. 난쟁이들과 함께 살아도 백설공주의 마음은 언제나 혼자 사는 것 같이 외롭지 않았을까. 백설공주가 보여준 환대는 외로움과 불안한 마음의 증표라 할 수 있지 않을까. 외부인에 대한 환대가 극단적으로 외로운 마음을 견디는 방식이었던 것이 아닐까.

백설공주는 겉으로는 명랑하지만 속으로는 혼자라는, 버려졌다는 무의식적 불안과 외로움으로 외부인인 손님을 반갑게 맞이한 것이다. 외로움과 불안을 달래는 방법으로 타인을 환대하는 일은 위험하다. 하지만 매 순간 죽음을 불사하면서까지 낯선 사람을 환대할 수밖에 없었던 백설공주를 생각하면 마음이 아프다. 왜냐하면, 나 역시 나의 외로움이나 불안증을 감추기 위해 가면을 쓰고 타인의 삶을 걱정 삼았다는 사실을 벼락처럼 알게 되었기 때문이다.

'지금', '여기' 그리고 '이 자리'

동화 『백설공주』는 20대에 품고 살았던 나의 허상과 그 실체를 보게 한 거울이었다. 다른 표현으로, 나는 내 문제를 나 자신을 통해서 해결하려 하지 않았다. 대신 타인의 욕망에 맞춰 끝없이 밖에서 해결하려고 한 것이다. 문을 열어주는 백설공주의 행위 역시 '지금', '여기'를 살지 못하는 허상의 몸짓 그 이상도 그 이하도 아니라고 여겨진다. 그런 것처럼 나 역시 '지금', '여기'를 놓치고, '저기'를 통해 내 삶을 이어가려고 한 셈이니까. 나는 그때 울었다. 이불을 뒤집어쓰고 한참을 울었다. 왜 우는지도 모르고 그렇게 울다가 어느 순간 나 자신을 꼭 안아주었다.

20대는 어디에 앉아도 대체로 외롭고 쓸쓸하고 고독한 자리뿐이다. 그 자리를 '지금', '여기'에 두는 일이 우리가 할 일이다. 그런 면에서 나의 '지금'을 정확히 읽을 수 있는 도구로서의 독서는 20대인 '나'를 위해 연 선물상자인 셈이다.

02

지금 인문고전을 읽기
시작한 당신에게

"소크라테스와 점심을 함께할 수 있다면 애플이 가진 모든 기술을 그
것과 바꾸겠다."

– 스티브 잡스

인문고전과 스티브 잡스는 떼려야 뗄 수 없는 인문학적 관계로 맺어
있다. 그런 그가 소크라테스를 만나고 싶어 한다. 소크라테스 하면 '너 자
신을 알라'는 말이 먼저 떠오른다. 이 말은 델포이의 아테네 신전에 새겨
진 문구이지만, 여전히 많은 사람이 소크라테스의 말로 알고 있다. 소크

라테스의 인문학적 사상이 그 말의 진위 여부와 상관없이 널리 알려져 있기 때문일 것이다.

스티브 잡스도 그의 유명세를 빌리고자 한 걸까? 그게 아니라면 그는 왜 그와 함께하는 '점심'을 소망했던 걸까? 이해는 잘 안 되지만 무척 궁금한 부분이다. 소크라테스가 남긴 것은 책 한 권 정도의 대화 기록뿐이다. 그런데 잡스는 왜 그와의 점심 한 끼를 그렇게 대단하게 여긴 걸까? 애플의 모든 기술을 주고도 아깝지 않다고 여길 만한 그의 가치는 도대체 어디에 있는 걸까?

오늘 누구 만났어?

유명인과 함께하는 점심 식사는 그리 낯선 이야기가 아니다. 2000년대 초기부터 점심 한 끼를 위한 경매가 있었다. 세계인의 관심을 집중시킨 이 경매는 가치투자의 귀재로 알려진 워런 버핏이 그 주인공이다. 2022년 워런 버핏과의 점심 식사 경매권은 1,900만 달러, 한화로 246억 원에 낙찰됐다. 너무 엄청난 금액이라 놀랍다는 말도 나오지 않는다. 그 돈은 단 하루 점심 2~3시간을 위한 비용이다. 기회를 획득한 사람은 자신이 궁금해하는 질문에 모든 답을 얻을 수 있다고 한다. 그의 투자 철학에 대한 조언도 들을 수 있다고 한다.

확인하긴 어렵지만, 그와의 점심 한 끼의 기회를 잡았던 사람들은 투자 금액보다 더 많은 수익을 올렸다는 후설이 전해진다. 누구를 만나면서 사느냐의 문제가 실로 대단히 중요하다는 생각이 들 수밖에 없는 대목이다. '별 생각 없이 지인을 만나 시간을 때우는가, 아니면 아주 작은 만남이라도 이야기 속에서 자신의 생각이나 생활에 변화를 일으키는 요소를 찾으면서 시간을 보내는가' 이 두 가지 물음을 앞에 놓고 나를 점검하는 기회를 마련하려면 바로 지금이 그때가 아닐까 싶다.

우리는 따로 있어도 함께 있는 거지

스티브 잡스 이야기로 돌아오자. 그가 만나고 싶다는 소크라테스는 투자가도 아니고 성공한 비즈니스맨도 아니다. 그는 단지 인간에 대한 탐구를 멈추지 않은 철학자일 뿐이다. 그런 그와의 점심 한 끼로 실용적인 무엇을 얻는 힘들어 보인다. 하지만 스티브 잡스를 잘 탐구해보면 그가 왜 그랬는지 이해할 수 있을 것 같다.

"플라톤과 호메로스에서 시작해서 카프카에 이르는 인문고전 독서 프로그램이 애플을 만든 결정적 힘이었다."

"창의적인 제품을 만든 비결은 우리가 항상 기술과 인문학의 교차점에 있고자 했기 때문이다."

모두 스티브 잡스가 한 말이다. 요약하면 스티브 잡스는 인문고전을 통해 인문학적 견해를 가지게 되었고, 이를 기술에 접목하려는 노력을 멈추지 않았으며, 그 노력을 앞으로도 계속할 것이라는 이야기이다.

그의 말을 곰곰 유추해보면, 사실 스티브 잡스는 간접적이기는 하지만 날마다 소크라테스와 함께 있었다. 인문고전이라는 매개체를 통해 그를 만나면서 인간에 대한 깊은 배려를 배웠다. 또한 텔레파시가 통하는 교감으로 '기술을 만드는 것이 사람이듯, 기술을 사용하는 것도 사람이라는 점'을 잊지 않았다.

그렇게 생각하고 보니, 마음으로 간절하게 동경하는 사람을 현실에서 딱 한 번만이라도 만나고 싶어 했던 스티브 잡스의 마음이 헤아려져 많이 애달프다. 그리고 부럽다. 사람의 마음에서 세상을 보았던 소크라테스를 위대한 스승으로 삼을 줄 알았던 스티브 잡스가 그 어느 때보다 위대해 보인다.

살면서 중요하게 여기는 것은 사람마다 다르다. 그러나 대다수 사람은 잘 살고 싶어 한다. 어떻게 하면 잘살 수 있을지 모를 땐 워런 버핏이나 스티브 잡스 같이 시대의 성공자를 롤모델로 삼기도 한다. 자신만의 원칙과 철학을 만들어준 교본이 무엇인지, 무엇을 철저히 지키며 살았는지 등을 알아내 내 것으로 삼고 싶어 한다. 그런 면에서 나는 오늘 스티브 잡스에게서 인문고전 독서와 마음의 위대한 스승에 대해 다시 생각해보는 과제를 받는다.

나의 친구 나의 스승

나에게도 잊지 못할 스승이 있다. 20대 때 만난 스승은 지금도 자주 연락하며 지낸다. 이 스승은 독서 모임으로 만난 친구이다. 당시 나는 나와 다른 세계에 관심이 있었다. 번민하고 고뇌를 하는 스타일은 아니지만, 친구들과 같이 책을 읽고 이야기 나누는 것을 좋아했다. 커피숍에 둘러앉아 두서없이 내뱉어도 괜찮은 대화의 시간이 나는 그렇게 좋았다. 그러니까 책을 핑계 삼아, 흐린 전등 아래에서, 실수해도 흠이 되지 않는 사람들과 한 얘기 또 하고 또 해도 좋았다. 그런 분위기 속에 있는 것이 무엇보다 좋았다. 그래서일까 친구들로부터 영문 모를 근면상을 받고 나서야, 내가 하루도 거르지 않고 참석해왔을 정도로 이 모임에 푹 빠져 있었음을 알아차렸다.

그때의 나의 그런 모습을 있는 그대로 이해해주던 친구가 있었다. 친구와 나는 성격도 다르고 취미도 다르고 좋아하는 음식도 달랐다. 하지만 마음이 맞았다. 너무 다른 성향인데도 신기하게 서로를 이해하고 위로하고 또 때로는 서로의 고민을 내 일처럼 나누었다.

어느 날 친구는 자신을 따라오라며 한 산길로 나를 데리고 갔다. 산행을 좋아하지 않는 나는 초입부터 '종아리가~~~올라가느냐'며 볼멘소리를 냈다. 하지만 친구는 사람 좋은 미소로 내 손을 잡아주고 등을 밀어주며 나를 이끌었다.

그렇게 한참을 가다 우리는 산 중턱에 있는 안내 표지판 앞에서 잠시 쉬었다. 산의 역사와 특징을 설명해놓은 안내판은 조금 찌그러져 있었고, 용어도 틀리고 영문 철자도 틀린 것이 많았다. 나는 뭐 이런 엉터리가 다 있냐며 퉁명스럽게 말을 하면서 작은 바위 위에 주저앉았다. 그런데 친구는 표지판을 한참을 바라보더니 자신은 나중에 우리나라 산을 다 찾아다닐 계획이라고 말했다. 나는 그게 무슨 소리인지 몰라 친구를 바라보기만 했다. 그러자 친구는 전국 산을 찾아다니면서 잘못 표기된 안내문을 바로잡고 바로 고쳐놓는 게 자신의 꿈이라고 밝혔다.

아니 어떻게 그런 생각을 할 수 있을까. 나는 현실을 비판적인 시각으로 바라보기만 했지 그것을 어떻게 해보겠다는 생각까지는 하지 못했는데, 친구는 세상을 이롭게 하는 계획을 품고 있었던 거였다. 고등학교 시절 수학여행 길에 찾은 유적지에서 안내 표지판이 잘못된 것을 발견하고는 그런 꿈을 가졌다고 했다. 참 부끄러운 순간이었다. 이기적이고 근시

안적인 나의 심사를 자신에게 들킨 순간이었다. 그때 나는 사람의 마음에서 세계를 바라볼 때, 그 세계가 비로소 바로 보인다는 것을 알게 되었다. 나의 스승이 탄생하는 순간이었다.

친구는 독서광이었다. 『일리아드』, 『오디세이아』 등을 읽으며 그 안에서 느끼고 알게 된 것을 나에게 나눠주었다. 언제부턴가 나도 그 대열에 서려고 애를 썼다. 친구의 인문학적 태도를 다 따라서 하기는 어려웠지만, 이후 내 삶의 방향이 바뀐 것은 모두 그 친구가 곁에 있어서였다. 가끔 그를 만나면 나는 "스승님!" 하고 불러본다. 그러면 친구는 '뭐 먹고 싶은 게 있구나.' 하고는 '말만 하라'며 크게 웃었다. 그날 나는 종아리가 딴딴했던 시간이 내어준 새 길을 기억하고 있다.

워런 버핏은 "위험은 자신이 무엇을 하는지 모르는 데서 온다."라고 말한다. 그는 자신이 무엇을 하는지 알기 위해서는 독서를 해야 한다고 말한다. 또한, 한 분야의 전문가가 되려면 다른 사람보다 다섯 배 더 읽으라고 주문한다. 그 읽기의 중심은 인문고전이다. 말하자면 워런 버핏이나 스티브 잡스와 같이 자신의 세계를 구축하고, 그 세계를 앞에서 이끌고 가는 이들은 모두 인문고전을 삶의 중심축(스승)으로 삼았다. 그런 면에서 '인문고전'은 과거와 현재 그리고 미래로 소통하는 지혜의 무대라 할 수 있다.

인문고전은 모든 이에게 열려 있다. 하지만 이것을 읽는 사람만이 그 안에서 스승을 만날 수 있다. 마음에 스승을 둔 사람과 스승을 두지 못한 사람은 삶의 태도가 확연히 다를 수밖에 없다. 비바람 앞에서도 흔들리지 않는 사람이 있다면, 그 사람은 내면에 좋은 스승을 두었다는 것을 의미한다. 사람에게는 누구나 좋은 스승이 필요하다. 좋은 스승은 사람이 얼마나 가치 있는 존재인지 알게 한다. 살아가는 의미를 알게 한다. 사람을 이해하는 토대를 마련해준다. 지금은 좋은 스승을 찾아 나서기에 가장 알맞은 시작점이다.

우리는 어떻게 단단한 어른이 되는가

03

○

그냥 고민하지 말고 독서로
질문을 던져보자

태양은 어제와 같은 것일까

아니면 이 불은 그 불과 다를까

우리는 구름에게, 그 덧없는 풍부함에 대해

어떻게 고마움을 표시할까?

윗글은 칠레의 시인 파블로 네루다의 『질문의 책』에 실린 '시' 중 일부이

다. 시를 조금이라도 읽어본 사람이라면 윗글이 매우 이상하다고 생각할

것이다. 보통 시는 하나의 주제를 깊이 관찰하고 통찰하면서 그 과정을 행과 연으로 이어가는 것이 특징이다. 또 일반적으로 물음표를 잘 쓰지 않고, 시의 특성에 맞는 종결 어미를 차용한다. 그런데 네루다의 위 시는 한 연이 하나의 문장을 포함한 질문으로 되어 있다. 또 다음 연은 다른 질문을 새로 구성하며 이어간다. 이 『질문의 책』은 이 같은 방식으로 쓴 시집이면서 질문의 모음집이라고 해도 과히 틀리지 않는다.

외국 시인이라서 외국 시라서 그렇다고 생각할 필요는 없다. 우리나라에 소개된 대다수 외국 작가의 작품들이 우리가 익숙하게 알고 있는 형태의 시를 보여주고 있으니까. 여기서 눈여겨보고자 하는 것은 '왜 굳이 시의 형태를 빌려 질문을 던지는 걸까?'라는 점이다. 그래서 나는 이 책 표4에 실린 옮긴이, 정현종 시인의 설명으로 그 숨은 의미를 유추해보았다.

"질문한다는 것은 무엇인가? 그것은 모르는 자리로 돌아가라는 것이며, 홀연히 '처음'의 시간 속에 있는 것이고, '끝없이 시작' 속에 있는 것이다."

그러니까 시인은 이 책을 통해 질문을 하는 사람의 자세는 어린아이와 같은 마음에서 비롯되어야 한다는 것을 역설하고 있는 셈이다. 질문은 호기심과 흥미가 있어야 나타나는 문이다. 이 문은, 문 안에 있는 사람이 그 문을 열고 밖으로 나가기 위해 미는 손목의 힘이기도 하다. 그 힘은 어디에서 나오는 걸까? 시인에 의하면 그것은 '처음'의 시간 속에 있다. 바로 호기심과 흥미가 가득한 시인의 눈, 어린아이와 같은 궁금증이 켜켜이 쌓여 있는 우주의 생각 말이다.

벌써 마음이 굳어버렸다니

오래전 나는 호기심을 갖는 것과 흥미를 유지하는 일의 어려움을 경험한 적이 있다.

그러니까 아름답고도 위험하다는 스물두 살 무렵이었다. 성탄을 며칠 앞두고 친구들과 모였다. 다섯 명의 친구가 한 달에 한 번 모여 각자의 고민을 털어놓는 날을 정했는데, 바로 그날이었다. 친구 M이 아주 짧게 커트를 하고 나타났다. 마치 만화 속 캐릭터처럼 옆으로 삐죽삐죽 뻗치기까지 한 숏커트 스타일이었다. 우리는 놀라서 한동안 물만 마시고 있었다. 혹시 무슨 일이 있는 건 아닌지 염려도 하면서.

그 친구는 늘 긴 생머리를 하고 다녔다. 그것이 자신의 트레이드마크라고 이야기할 정도로 긴 생머리를 고수하던 친구였다. 우리가 받은 충격이 얼굴에 역력했는지, M은 웃으면서, '나에 대한 고정관념을 버려.'라고 주문을 하였다. 우리는 '난 고정관념 같은 건 없어.'라고 이구동성으로 외쳤다.

그날 우리는 우리를 시험하기 위해 커피숍에 비치된 냅킨을 몇 장 들고 와서는 각자 하나씩 나눠 가졌다. 그리고 펜을 준비하고는 모두 눈을 감았다. '자, 시작!' 하고 한 친구가 말하자 우리는 무엇인가를 그렸다. 몇 초가 지난 후 '이제 다들 눈을 뜨시고'라는 한 친구의 말에 우리는 눈을 떴다. 우리는 탁자 위를 바라보고는 누가 먼저랄 것도 없이 웃음을 빵 터뜨렸다.

우리는 각자 하나의 그림을 그렸다. 자신이 생각하고 있는 별 모양을 그렸다. 어떤 고정관념이나 선입견 없이 우리가 생각하는 가장 창의적인 방법으로 그렸다고 생각했다. 하지만 눈을 떠보니 그 별 모양은 모두 다섯 개의 꼭짓점을 지니고 있었다. 우리가 흔히 알고 있는 별 모양을 조금 크게 또는 작게, 조금 뚱뚱하게 또는 홀쭉하게 그렸을 뿐, 어디 하나 색다른 점을 찾아볼 수 없었다.

우리는 그렇게 자신이 생각보다 타성과 관습에 많이 젖어 산다는 것을 확인하고 말았다. 다 같은 별을 그리기 위해 함부로 사용한 냅킨만이 우리를 비웃듯 바라보는 것 같았다. 우리는 우리를 믿을 수 없어 몇 가지 실험을 더 했다. 누군가 '무지개 색이 몇 개?'라고 물으면, 이구동성으로 '일곱 개'라고 말했다. '빨주노초파남보'라면서 시키지도 않은 답까지 내

밀었다. 하지만 알고 보니 무지개색은 대륙마다 지역마다 모두 다르다는 것을 알게 되었다.

어느 순간 '이제 그만 하자'는 한 친구의 제언이 무척 고마웠다. 고정관념으로 생각하는 습관이 굳어 있다는 것을 아는 일은, 우리가 매달 만나서 나누는 고민이 왜 제자리를 벗어나지 못하는지도 알 수 있는 문제였다. 우리는 그때 우리가 품은 세상에 대한 호기심과 흥미가 틀에 박힌 세계의 쳇바퀴를 굴리는 일에 일조하고 있었다는 것을 잘 모르고 있었던 것이다. 아마도 모두들 집으로 가는 길이 그리 편치만은 않았을 것이다.

우리는 그때 고작 20대 초반이었다. 그동안 우리가 잃어버린 호기심과 흥미는 어디로 간 것일까. '고민 데이'는 친목을 위한 핑계였던 걸까. 진짜 '고민'이 무엇인지 '고민'을 하긴 했던 건지, 그조차 의심이 들었다. 어쩌면 우리는 같은 색깔, 같은 발걸음으로, 같은 방향을 바라보면서, 거기에서 조금이라도 어긋나거나 비켜 있는 것을 두려워했는지도 모른다.

만약 세상을 바라보는 방식이 한 가지라면, 그것은 너무 끔찍한 일이다. 자기가 자기로 존재할 수 없다는 것을 의미하니까 말이다. 또 자기 존재에 대한 책임성을 갖지 못하고, 독립적인 주체도 되지 못하니까 말이다. 우리는 모임에서 마음 속의 고민을 털어놓으면 왠지 잘 사는 길도 열릴 것이라고 막연하게 기대하지 않았을까. 어둠 속을 달리고 있는 것 같은 현실의 답답함, 확실하지 않은 미래에 대한 두려움, 이런 것들을 마음껏 털어내는 것만으로도 멋진 것 같았으니까 말이다. 물론 그렇게 털어내고 나면 한동안 속이 후련했던 건 사실이다. 그러나 언제부턴가 모임이 끝나고 집으로 돌아가는 길에 여전히 허전함이 밀려들었다. 아니, 이것은 또 무엇이란 말인가.

'나는 누구인가'

심리학자 곽금주는 20대를 만나서 이야기하다 보면, '나는 누구인가'라는 고민이 한결같다고 말한다. 의외의 이야기이다. 이런 고민은 10대의 전유물이라 생각했는데, 사실은 그렇지 않다는 것이다. 20대는 그 어느 때보다 자기 정체성에 대한 탐색이 활발하게 이뤄지는 시기다. 사랑이나 직업 등 다양한 가능성에 도전하는 시기이기도 하다. 동시에 불안정성이 따르는 시기이기도 하다. 어느 날은 무엇이든 할 것 같은 열정으로 몸살을 앓고, 어느 날은 알 수 없는 괴로움으로 수렁에 빠지는 시기이기도 하다.

이 시기를 잘 통과하기 위해 가장 필요한 것은 무엇일까. 아마 '자기 자신 안에 머물러 있는 것들을 잘 살피려는' 자세일 것이다. 그 자세를 네루다식으로 명명하면 '고민'이 되겠다. '고민'은 용기 내어 자신을 돌아보는 일이다. '고민'의 문을 열어보면 그 안에서 상처 입은 '나'를 만날 수 있고, 웅크려 울고 있는 '나'를 만날 수 있고, 어느 골목에선가 혼자 서성이는 '나'를 만날 수 있고, 운동장 한가운데 서 있는 '나'를 만날 수도 있다. 그 많은 고민의 핵심인 '나'를 일일이 손잡아주고, 일으켜 세워주고, 안아주며 하나의 '나'로서의 정체감을 만드는 일은 오직 '나'만이 할 수 있는 일이다.

고민에 집착하다 보면 고민을 더 키우게 된다. 이쯤에서 고민을 다시 네루다 식으로 진전시키면 '질문'이 되지 않을까. 질문은 경험하고 느꼈던 '고민'에 새로운 의미를 부여하는 일이다. 이를테면 자기 자신만의 '고민'의 문제적 요소가 밖으로 나갈 수 있게 창문을 만들어주는 일이다. 이때 자신을 정확하게 바라보고 살필 수 있는 단초는 인문학적 질문일 때 알맞게 마련될 것이다. 무엇보다 고민의 핵심이 '나'라면 질문은 '나는 누구인지, 나와 세계는 무엇인지, 나의 미래와 이상은 무엇인지' 등으로 뻗어나가면서 진정한 정체성을 찾아 간다.

당연한 게 당연한 게 아닌 거지

인문학적 질문을 잘하는 방법은 무엇일까. 그 방법은 아마 위대한 질문이 숨어 있는 책을 찾아 읽는 데서 시작될 것이다. 어떤 사람은 인문고전을 두고 '그깟 고리짝 이야기'라고 치부하고 무시하기도 한다. 하지만 어떤 사람은 '그깟 고리짝 이야기'를 통해 '위대한 꿈과 자기 자신을 주체적으로 만드는 힘을 발견'한다. 따라서 질문은 자신에 대한 고뇌를 시작으로 하여 '나'에 대한 이해로 나아가는 통로를 마련할 것인지, 아니면 그 반대일지를 결정하는 일이기도 하다. 나는 나와 소통하고 나아가 타인과 소통하는 기반을 마련할 수 있는 도구이며 수단이란 점을 잊지 말아야 한다.

요즘은 창의력이 중요한 시대이다. 창의력은 고민이 없으면 발현되기 어려운 능력이다. 고민이 있다는 것은 세계에 대해 호기심이 있다는 의미이다. 또 창의력은 질문이 없으면 발현될 수 없는 능력이다. 질문을 하는 것은 세계에 대해 흥미를 가지고 있다는 의미이다. 따라서 깊은 고민과 좋은 질문으로 하나의 우주와 하나의 인생이 흔들릴 때, 이전과는 다른 삶을 살아갈 수 있는 길이 열린다. 고민과 질문은 다양한 해석의 기능을 통해서 상상력의 작용을 거치고 그다음 창의성으로 이어지는 생각의 통로다.

04

○

뭘 해도 내 삶이 달라지지 않는다면
독서를 시작해야 한다

정도의 차이는 있지만, 대체로 사람들은 인생 선배라는 이름으로 후배에게 조언을 한다. 특히 20대를 만날 땐 그러한 특성이 두드러진다. '무엇이든 도전해라', '실패를 두려워 하지 마라'. 조금은 뻔해 보이는 그 조언들은 먼저 살아본 경험에서 나온 말이다. 말하는 사람으로선 구구절절이 옳은 말이고, 진심을 다한 말이다. 인생의 선배 된 입장에서 할 수 있는 최고의 애정 어린 말이고, 가장 정확한 표현이라 해도 틀리지 않는 말이다.

하지만 우리는 안다. 그 말이 아무리 옳은 말이라 해도, 듣는 이에게는 절실하게 닿지 못한다는 것을. 듣는 입장에서 선배들의 조언은, 추상적이고 상투적이다. 가령 이런 말들, '도전에 실패해서 상처를 얻는 것이야 말로 영광의 상처', '가고 싶은 곳이나 하고 싶은 버킷리스트를 써두고 그것을 하나하나 지워가라.' 등등.

사실 20대의 젊은이들도 그것을 모르지 않는다. 하지만, 각자 처한 사정과 입장은 매우 현실적이어서 그 말을 일반적으로 수용하기가 어렵다. 그 때문에 인생 선배들의 조언은 종종 잔소리로 변질되기도 한다.

창밖 어둠 속에 내가 있다

몇 해 전, 군에서 제대한 사촌 조카는 딱 7일간 얼굴빛이 밝았다. 가족들과 식사하면서, 인근 공원을 산책하면서, 마트에서 물건을 사면서, 늘 웃음을 멈추지 않았다. 나는 한동안 바쁜 시간들을 보내느라, 당연히 잘 지내고 있다고 믿으며 하루 이틀, 한 달, 일 년을 보냈다.

그러던 어느 날 사촌 집에서 저녁을 먹게 되었다. 그런데 조카의 얼굴이 보이지 않았다. 사촌에게 물었더니 '방에 있다'는 거였다. 요즘 무슨 고민이 그리 많은지 방에서 잘 나오지도 않는다고, 얼마 전에는 노크를 해도 답이 없었다고 한다. 자고 있나 싶어 문을 살짝 열어보았더니, 조카는 책상 앞에 앉아 창밖 어둠을 하염없이 바라보고 있더란다. 한참을 보고 있어도 꿈쩍하지 않아서 살그머니 문을 닫았다고 한다. 그러길 수일

째라는 거다.

그간 조카는 여러 가지에 도전하면서 지내고 있었다. 대학 진학을 위해 묶어 둔 책을 풀기도 하고, 옛 스승을 만나 조언도 듣고, 선배를 만나 고민도 나눴다. 그러나 누구에게서도 속 시원한 답을 얻지 못했다고 한다. 한편으론 '대학 진학 대신 사회생활을 시작하면 어떨까' 하는 고민도 했다고 한다. 그래서 다시 옛 스승을 만나고 선배를 만나고 사회로 나간 친구도 만났다. 하지만 마찬가지였다. 누구 하나 그게 옳다고 제시해주는 이가 없었다. 결국 모든 결정은 자신이 해야 한다는 것을 알게 되었다.

창밖의 어둠을 바라보면서 조카는 무슨 생각을 했던 걸까. 20대는 자신의 인생을 시작하기 위해 도전하는 시기이고, 모험을 떠나는 시기라는 말은 맞는 말이다. 하지만 무얼 어떻게 해야 하는지, 아무 것도 보이지 않는 상황에서 무조건 떠나는 것이 맞는 건지, 도무지 모르겠다고 조카는 털어놓는다. 서해에 가서 며칠 지내다 왔지만, 머리만 더 아팠다고 한다. 시대에 맞춰 자격증을 따야 할 것 같아서, 빅데이터와 관련한 자격증 공부를 하고 있는데 진전이 없다고도 한다. 운전면허증이라도 딸까 싶었지만 아직 마음이 정리되지 않았다고 한다.

평소 조카는 나에게 가끔 제 속내를 털어놓았다. 내가 조카의 말을 잘 들어줘서 그런지, 아니면 사촌 몰래 용돈을 쥐어 줘서 그런지, 아무튼 나를 잘 따른다. 사실 그날 나는 조카가 대견해 보였다. 어리다고만 생각했던 조카는 이제 어린아이의 틀을 벗어나려 몸부림치는 중이었다. 그 시절 조카는 사방 벽에 갇힌 것 같은 느낌으로 지내고 있었다. "나는 지금 끝을 모르는 터널을 걷는 것만 같아요."라고 말을 하는 조카를 보면서 내 마음은 잠시 먹먹했다.

모든 '처음'은 '실패'라는 두려움의 종자를 안고 있다. 창밖 어둠을 바라보면서 마주한 어둠 속 자신의 모습으로 인해 조카에게 어둠은 더 크게 보였을 것이다. 어둠을 빠져나가려고 둘러보아도 어디 하나 출구가 보이지 않았을 것이다. 그러니까 조카는 무엇을 해보기도 전에 밀려오는 두려움에 지레 두 손 두 발을 다 든 것이다. 그렇게 벌을 서고 있었던 셈이다.

인생의 멘토 독서

20대를 '전기, 중기, 후기'로 나눈다면 지금 조카는 초기에 서 있다. 그 누구도 아닌 자신의 발로 세계에 첫발을 내디뎌야 하는 순간 말이다. 물리적인 시간 앞에 도달한 시점에서 신체적인 변화와 사회적인 변화에 적응해야만 하는 그 순간은 그 누구라도 막막할 수밖에 없다. 그래도 적응하고 싶다. 잘 하고 싶다. 하지만 그게 생각처럼 잘 안 된다. 무엇을 해도 내 삶이 변하지 않을 것 같다. 지금은 그런 시간이라는 말도 듣기 싫다. 답이 보이지 않는 시간인 것이다. 서강대학교 최진석 명예교수는 한 강연에서 이렇게 말했다.

"자기 자신에게 자신은 1인칭으로 존재해야 한다."

내가 주체적인 나로 사는 일이 1인칭의 삶이다. 내가 나를 신뢰하지 못하고 부정하는 일은 나를 지우고, 포기하는 일이다. 어떤 인생 선배들은 조카를 보면서 '꿈이 없어서 그래', '꿈이 있어야 도전이라는 것도 하는 거지'라면서 섣부른 판단을 할지도 모른다.

꿈을 갖는 일은 무모한 시간에 자신을 던지는 일이다. 무모한 시간은 아무것도 정해져 있지 않은 새로운 세계를 여는 관문이다. 그 세계는 조금 빨리 만들어질 수도 있고, 조금 늦게 만들어질 수도 있다. 그 세계를 향하고자 할 때만이 그렇다. 이때는 인생 선배의 역할이 필요한 시점이다. '요즘 젊은이'에게 걱정과 비판은 아무런 도움이 안 된다. 자기 고뇌를 스스로 헤쳐 나올 수 있고, 삶의 지도를 그릴 수 있는 혜안이 필요할 뿐이다. 추상적이고 보편적인 조언보다는, 구체적이고 실용적인 가이드가 절실히 필요한 것이다. 그 가이드역할이 바로 '멘토'이다.

멘토를 만나는 일은 인생을 다시 사는 일이다. 멘토는 삶의 자세와 방향을 모색하게 한다. 좋은 지침을 제공한다. 그래서 우리는 내가 고민하는 지점에서 나를 변화시켜줄 사람, 내가 해야 할 일을 찾을 수 있도록 조언을 아끼지 않을 사람, 삶의 새로운 지침을 세우는 데 도움이 될 사람을 찾아야 한다. 좋은 삶을 원한다면 좋은 멘토를 만나야 하는 것이다.

예전에는 인생의 선배들이 스승이 되고 친구가 되고 형제가 되어주기도 했다. 또는 그 안에서 순환하면서 좋은 스승의 역할을 담당하기도 했다. 하지만 요즘은 사는 일이 각박하다. 누굴 위하거나 도와주는 일은 쉬운 일이 아니다. 그래서 때로는 주변에서 일 잘 하는 사람, 인간관계가 좋은 사람, 경제력이 좋은 사람들을 맹목적으로 따르기도 한다.

그렇다면 좋은 멘토는 어디에 있는 걸까. 진정으로 세상을 살아가는 길로, 조금 더 나은 길로 이끌어줄 멘토는 어디에서 찾아야 하는 걸까.

"우리는 고전을 읽은 것으로부터 만들어진다."

— 마르틴 발저

발저의 말에 기대면, 우리의 멘토는 고전, 즉 인문고전으로부터 찾을 수 있다. 인생을 조금 잘 살고 싶을 땐 독서를 해야 한다는 것이다. 인문고전 속에는 삶의 정석 같은 스토리텔링이 있다. 인간이 살아가면서 겪는 온갖 갈등과 시련을 포함해, 문제를 해결하고, 역경을 이겨내는, 사람 사는 이야기가 들어 있다. 사람이 살아가는 다양한 이야기를 통해, 또는 이성적인 사고력을 키우는 과정을 통해, 또는 명철하고 명확한 통찰력을 발휘하는 방법을 통해, 우리는 우리의 삶을 질적으로 변화시킬 수 있다. 그 안에서 움직이고 생각하고 행동하는 주인공들이 바로 멘토다. 오직 인문고전만이 할 수 있는 멘토의 역할이 따로 있는 것이다.

인문고전에서 숨은 가치를 발견하고 그 문장 밑에 밑줄을 긋는 순간이 온다면, 그것은 멘토의 목소리를 들을 수 있게 되었다는 것을 의미한다. 이 순간은 실제 독서를 해야만 만날 수 있다. 읽지 않고 듣는 것으로는 그 진위를 파악할 수 없다. 왜냐하면, 인문고전은 해결책을 제시하여 답을 드러내는 데 의미가 있지 않기 때문이다. 그것은 문제 해결의 과정을 스스로 탐색하게 하고 제 힘으로 설 수 있는 1인칭의 존재로 만드는 데 의미를 두기 때문이다.

20대는 하고 싶은 일이 많다. 할 수 있는 시간도 많다. 그 어느 시기보다 경험적 소비가 풍요로울 때다. 그러면서 새로 배우고 책임을 익히고 실속 있게 구축해야 할 일들이 있다. 그러므로 그 어느 때보다 인생에 선배를 두는 일은 귀한 일이다. 또한 좋은 선배를 두는 일은 더 귀한 일이다. 나아가 내 인생의 가이드가 되어줄 멘토를 두는 일은 그 어느 것보다 귀한 일이다.

나는 조카와 헤어지고 이틀 후, 한 권의 책을 조카에게 보냈다. 짧은 손편지와 함께. 그 책은 헤르만 헤세의 『데미안』이다. '데미안'이 끝없이 자신의 내면을 탐색하는 과정을 읽으면서, 조카가 자신의 문제와 지속적인 대화를 하길 원했다. 그 과정이 열어줄 세계가 무엇이든, 그것은 조카를 위한 최고의 세계일 거라 믿어 의심치 않았다.

지금 하는 일이 잘 풀리지 않는다고 생각될 때, 뭘 해도 삶이 잘 풀리지 않는다고 느낄 때, 우리는 멘토를 찾아나서야 한다. 독서를 해야 한다. 인문고전을 읽어야 한다. 나를 잃지 않으며, 내 중심을 잡으며, 내가 짊어지고 있는 문제의 보따리를 풀어놓고 해결의 실마리를 찾아 나서야 한다. 멘토는 찾아 나서는 이에게만 진정한 멘토의 모습을 드러낸다.

05

○

독서를 하거나
존재하지 않거나

식물의 키가 1센티미터 자라는 데는 1억 톤의 피가 필요하다고 한다. 그렇다면 사람의 육체적 성장을 위해 필요한 피는 얼마나 될까? 그리고 자신의 정신적 성장을 위한 피는 또 얼마나 필요한 걸까? 가늠할 수 없어 짐작도 어렵다. 다만 확실한 것은, 사람은 모든 순간마다 성장을 한다는 점이다. 일정 시기에 이르기까지, 쉽 없이 피가 생성되고 피 돌기가 멈추지 않는다. 지금도 우리의 몸 안에서는 피의 혁명이 일어나고 있다. 쉴 사이 없이 혁명은 이어지고 있다. 모든 혁명에는 에너지가 필요하다. 마찬가지로 우리 몸도 성장할 때마다 그 크기에 맞는 에너지가 쉽 없이 작동하고 있다.

이러한 근거로 보면, 급격한 성장이 이뤄지는 사춘기와 청년기는 피의 혁명의 최고봉이라 할 수 있다. 이 시기에는 본인의 의도와 무관하게, 피의 혁명 운동은 24시간 지속된다. 주체할 수 없는 에너지가 밀려옴에 따라, 본의 아닌 일을 벌이는 때도 있다. 엉뚱한 것에 호기심과 흥미를 느끼거나, 뜻하지 않은 행동을 보일 때도 있다. 이러한 특성은 동서고금을 막론하고 유사하다. 같은 또래가 보이는 성장의 특징은 사회, 문화를 불문하고 일정한 과정을 거치기 때문이다.

이렇게 말만 들으면 별 것 아닌 것처럼 생각될 수도 있다. 하지만 성장의 습격을 당한 당사자나 그것을 옆에서 지켜봐야 하는 주변인들은 마냥 웃을 수만은 없는 이야기다. 꿈을 갖는 것이 무모한 시간에 대한 도전인 것처럼, 성장의 피 돌기를 감당하는 일 역시 무모한 세계로의 진입이다. 이 시기에는 진보의 성향과는 무관한, 반항과 도전을 생활화한다. 반항이 방황으로 이어지는 시기이기도 하다. 인생 전체로 볼 때, 이 시기의 방황은 필요한 수순이라 할 수 있다. 소설 『호밀밭의 파수꾼』의 주인공인 '홀든 콜필드'처럼, 방황을 하다 보면 어느 순간, 자신의 모습을 확인하고, 어떻게 살아가야 하는지의 방향도 설정할 수 있으니까.

사람 사는 일이 꼭 소설 속 주인공처럼 원하는 자리로 잘 돌아가면 얼마나 좋을까. 하지만 정신의 독립을 갈구하는 20대의 사정은 그렇게 녹록하지 않다. 특히 현대처럼 신자유주의적 질서가 지배하는 사회에서, 무엇이든 자본으로 귀결되는 사회에서, 모든 기술이 성장 중심으로 이어지는 사회에서, 피할 수 없는 경쟁과 소외와 빈부 등의 양극화가 성장의 발목을 잡는다. 그런 현실은 자신감을 빼앗아간다. 미래를 불투명하게 만든다. 그러면서 원인을 알 수 없는 불안과 두려움과 외로움의 성장판을 회전시킨다.

윤활유와 모래

사촌 조카로부터 작은 소포를 받은 날은, 내 생일 이틀 전이었다. 물건을 들다 허리가 삐끗한 이후로 잠자는 자세가 불편한 나의 사정을 사촌에게서 듣고, 수면 베개를 보내온 것이다. 나는 뜻밖의 선물에 가슴이 울렁거렸다. 나는 감동을 잘한다. 아주 사소하게 지나치는 말도 귀담아듣는다. 그렇게 배려하는 모습을 볼 때면, 무한히 밀려오는 감정에 충실하게 임한다. 식구들은 감성이 너무 풍부해서 탈이라고 한다. 하지만 나는 마음과 마음이 서로 소통할 때 나타나는 아주 인간적인 표현일 뿐이라고 응수한다. 하지만 내겐 감성이 많긴 많다.

조카는 소포 속에 짧은 편지를 동봉해서 보내왔다. 예전에 보내준『데

미안』을 읽고 난 감상문, 아주 늦은, 짧은 독후감 같았다. 조카는 편지에서 자신이 그 책을 6개월 동안 읽었다는 것과, 그 과정이 쉽지만은 않았다는 것을 밝히고 있었다.

처음 책을 읽을 때 조카는, 주인공 데미안을 따라가면서 읽었다고 한다. 그의 고민을 잘 들으려고 문장에 귀 기울이면서. 두 번째 읽을 때에는, 자신이 데미안이 되어 그의 감정에 이입 하려고 감정선을 따라 읽었다고 한다. 스스로 데미안의 고민 속으로 들어가면 데미안을 이해할 수 있을 것 같아서. 세 번째로 읽을 땐 자신이 스스로 주인공이 되어 자신(조카)이 처한 현실의 문제를 대입하면서 하나하나 고민하고, 또 질문하고 스스로 답을 만들어가면서 읽었다고 한다. 그러다 어느 날 자신의 모습이 크게 보이는 것을 경험하였다고 한다.

생각지도 않은 독서 방법이었다. 독서 전문가들이 권유하는 방법이 보통 이렇지 않을까 어렴풋이 생각해보았다. 조카는 스스로 그 방법을 찾아내 자신의 읽기로 삼았다. 대견하다는 말이 꼭 조카를 위한 말 같았다. 이 방법을 자그마치 6개월 동안 진행하였다고 하니, 그 집중과 집념은 높이 사야 할 것이다.

나는 조카가 어떻게 살아야 할지 막막해 하기만 했던 순간을 잘 이겨낸 것에 감명을 받았다. 6개월 동안 한 권의 책에 집중했다는 사실도 대견하고, 자신에게 질문하는 방법을 독서를 하면서 스스로 찾아낸 것도 대견했다. 또한, 자신의 문제를 피하지 않고 그 속으로 들어가 진로를 결정한 데서 조카의 잠재력을 보았다. 가능성을 탐지한 마음 자세, 그 자체가 내게는 더할 나위 없는 생일선물이 아니겠는가.

나는 이 세상에 없는 귀한 선물을 받은 그때 그날을 자주 자랑한다. 이립(而立)의 나이는 마음이 움직이지 않는 시기라고 하지만, 나는 조카의 선물에 혹하고 넘어가 그의 팬이 되었다. 그것은 값으로 매길 수 없는 특별한 선물에 공명하는 나만의 방식이다.

조카는 추신처럼, 맨 마지막 줄에 적었다. 내가 조카에게 책을 선물하면서 책갈피에 적어준 문장이 있는데, 처음에는 무슨 뜻인지 몰라서 그저 책갈피로만 사용하였단다. 그러다 책을 거듭 읽고 나서야 불현듯 그 뜻을 알게 되었다는 것이다.

내가 조카에게 보낸 문장을 오늘 다시 써본다.

"불편해하라, 세상의 톱니바퀴 속에서 윤활유가 되지 말고 모래가 돼라."

독일의 작가 귄터 아이히의 글이다. 독일 라디오에서 방송한 드라마

〈꿈〉에 소개되면서 널리 알려진 글이다. 내가 이 문장을 조카에게 준 이유는, 지금 당장 앞이 보이지 않아도 세상이 흘러가는 대로 아무 생각 없이 거기에 편승하는 삶을 살면 안 된다는 경계의 표현으로서다. 그러한 삶은 존재하지만, 존재하지 않는 것과 같기 때문이다. 여기에는 용기가 필요하고 명철함이 필요하다. 독서를 하면서 그러한 것을 스스로 얻길 바랐다.

그리고 비록 서걱서걱할지언정 자신의 색깔과 개성과 꿈을 향해 나아가는 모래가 되길 바랐다. 모래는 모래사장이라는 공동체 안에서 자신의 본 모습을 놓치지 않는다. 그렇게 자신을 위한 삶을 살아가길 바라는 마음의 응원이었다.

독서는 옳다

사는 일은 그 자체로 가치가 있다. 어떻게 살아가야 하는가를 고민하는 일은 살아 있다는 가치를 증명하는 일과 같다. 중요한 것은 현실의 모면이 아니라 그것을 삶의 방향에 두어야 한다는 점이다. 스스로 생각하고자 하는 일을 정확히 알기 위한 노력이 필요한 이유다. 그리고 올바른 것이어야 한다. 인간다움을 실현하는 일은 사람이 지켜야 할 가장 기본을 지키는 일에서 시작한다. 나 스스로 내가 나아가는 방향에 조응하고 공명할 때, 내가 가고자 하는 길은 비로소 제 몸을 보여준다. 나로부터 시작된 삶의 방편이 나와 세계로 이어지는 순환이 되는 것이다.

물론 그 길은 보인다고 해서 모든 것을 보장해주지는 않는다. 지속적인 읽기가 필요한 이유이다. 내가 원하는 길을 가는 데는 지금보다 더 많은 어려움이 따를 수도 있다. 현재 사회가 가지고 있는 구조적 억압과 불평등과 편견을 읽어내는 것, 그러한 현실에 맞서서 자신을 올바르게 이끌고 가는 과정은 그리 쉬운 일은 아니기 때문이다.

문장을 쓰고 문장에 담긴 마음을 알게 되었다는 조카의 말에 나는 든든하다. 작품 속 인물들을 현재적 시점으로 바라보고, 현재적인 삶을 작품의 위치로 객관화시키고, 자신의 가치관을 조금씩 정비해 간 그 과정에서 그가 얼마나 빛나게 꿈틀거렸을지 선명히 그려진다. 그것을 증명하듯 그는 스스로 공부의 길로 들어섰다. 몇 번의 휴식기를 가지면서 끊임없이 자신과 대면했다. '나'라는 존재와 '학교', '사회'라는 집단의 정체성에 대한 새로운 관점을 찾아내고자 했다. 그런 변화의 힘이 바로 독서에서 비롯된 힘이 아니겠는가.

그 길은 결코 내가 안내한 것이 아니다. 그 길은 오직 헤르만 헤세의 『데미안』이 동행해준 덕에 찾았다는 걸 나는 알고 있다. 아니다 그 길은 조카가 스스로 찾아 나선 모험이며 그만의 길이다. 독서를 통해 스스로 존재하기로 마음먹은 그만의 길. 성장이라는 피의 혁명을 멈추지 않은 독서의 길. 그러니 독서는 옳다. 독서 안에서 시련과 아픔과 두려움을 받아들이는 방법을 알아내고, 또 그 안에서 희망을 품는 방법을 발견하였으니까.

오래전 창밖의 어둠을 응시하던 그때, 조카의 가슴이 빛을 머금고 있었던 것처럼.

06

○

독서를 통한
자기 성찰과 성장

시대가 발전하고 사는 방식이 변하면 그에 알맞은 제도가 마련된다.
이전과는 달라진 제도로 일상생활의 모습도 조금씩 달라질 수밖에 없다.
그러한 변화는 현재 사회의 모습을 반영한 것이기 때문에 우리 역시 그
방향에 맞추어 살아가게 된다.

기획재정부가 발간한 책자 『2022년 하반기부터 이렇게 달라집니다』에
는 앞으로 달라질 생활과 지켜야 할 규칙, 복지의 혜택 등이 담겨 있다.
내용을 하나하나 읽다가 나는 이 사회가 급속하게 변하고 있다는 것을
실감했다. 많은 내용들이 변화의 모습을 보여주었지만, 특히 디지털을

사용한 다음과 같은 생활의 변화 부분은 편리사회로의 변화라는 면에서 주목하였다.

'7월부터 스마트폰으로 주민등록증의 내용을 확인할 수 있는 주민등록증 모바일 확인서비스가 시행된다.'

우리나라에서는 누구나 태어남과 동시에 주민등록번호를 부여받는다. 17세가 되면 그 번호로 주민등록증을 발급받는다. 우리가 '주민증', '민증'이라고 줄여 말하기도 하는 이 '증'은 그야말로 나를 증명하는 나의 기호다. 이 '증'은 사회생활을 하는 데도 없어서는 안 되는 중요한 역할을 한다. 그래서 늘 지참을 하고 다니면서 혹여 잃어버리지 않을지 조심하면서 지낸다. 하지만 이제는 그럴 필요가 없다는 거다. 스마트폰 하나면 나를 증명하는 일은 이제 문제가 될 게 없다는 거다.

나는 내가 안 보일 때가 있다

나는 주민등록증을 두 번 분실한 경험이 있다. 하나는 스무 살을 갓 넘겼을 때다. 하늘색 백팩을 뒤로 메고 지하철을 탔다. 옆으로 밀리고 끼이는 비좁은 상황 속에서 나는 단지 넘어지지 않으려고 애를 쓰고 있었다.

목적지에 와서야 백팩에 넣어 둔 지갑이 사라진 것을 알았다. 그 안에는 지폐 몇 장과 주민등록증이 있었다. 돈을 잃은 것도 속이 상했지만, 주민등록증을 잃어버렸다는 사실에 눈앞이 캄캄했다. 이튿날 동사무소(현재, 행복복지센터)에 달려가 재발급을 신청했다.

다음은 스물네 살, 겨울에 있던 일이다. 친구와 전자오락실에 갔다. 가방을 오락 기계 위에 올려놓고 나는 잘하지도 못하는 게임에 열을 올렸다. 그날은 친구가 애인과 헤어진 날이라 스트레스를 풀 무언가가 필요했다. 나는 평소에 게임을 즐기지 않았으나 친구는 게임을 좋아하는 편이었다. 가장 최신 기계로 가장 신나게 스트레스를 풀자고, 의기투합해 시작한 게임이었다. 얼마나 오래 했을까. 게임에 지쳐 이제 그만 가자며 일어났을 때, 내 가방이 통째로 사라지고 없었다. 그 가방 안에는 두 번의 할부금을 치른 카메라와 지갑과 책 한 권이 있었다.

두 번의 주민등록증 분실은 두 번의 사진을 찍어야 한다는 이야기이기도 하다. 처음 증명사진을 찍을 때는 얼른 신분증을 만들어야 한다는 초조함에 어떻게든 빨리 찍어야 한다는 생각뿐이었다. 하지만 두 번째 증명사진을 찍을 때는 이전과 조금 달랐다. 웃는 표정을 하고, 화장을 고치는 등 나를 잘 표현하기 위해 애썼다. 사진이 나왔을 때 나는 사진관 아저씨에게 '사진이 왜 이러냐, 다시 찍어야 한다.'고 억지를 부렸다. 아저

씨는 웃으면서 잘 나온 거라고 했지만 나는 내 사진이 마음에 들지 않았다. 그렇게 해서 다시 찍은 사진 역시 마음에 들지 않기는 마찬가지여서 할 수 없이 주민등록증 재발급용으로 사용했다.

사람이 자신의 모습을 들여다볼 수 있는 방법에는 두 가지가 있다. 하나는 거울을 보는 것이고, 또 하나는 자신을 성찰하는 일이다. 거울은 몸을 비추는 것으로 물질적인 측면이 있다. 성찰은 마음을 비추는 것으로 정신적인 측면이 있다. 이 두 가지는 자기를 들여다보고 자기 자신과 만난다는 공통점이 있다. 둘 다 중요하다고 볼 수 있다.

하지만 두 가지는 엄연히 구분되는 지점이 있다. 거울이란 시대가 만들어놓은 관습과 도덕을 반영한다. 자신의 모습을 있는 그대로 보여주지 않는다. 아니다. 타인의 시각과 타인의 판단에 맞추어 있는 그대로의 자신의 모습을 지우고, 가장 그럴듯하게 자신을 교정한다. 반면 성찰은 개성이 있는 나의 존재를 인식하고, 주저하지 않고 문제의식을 만들며, 나와 타인, 즉 나와 세계의 구별을 통해 나의 자아를 행위의 주체로 삼으려고 한다.

나의 행위를 두 가지 방법에 대비해보면, 나는 나의 증명사진을 들여다보면서 타인의 시선을 거울로 삼았다고 할 수 있다. 타인의 욕망으로 나를 바라보니 나의 모습이 마음에 들지 않을 수밖에. 눈이 조금 컸으면 좋겠고, 조금 더 미소를 지어야 할 것 같았고, 이마가 조금 더 넓으면 좋을 것 같았으니까. 그러니 성형으로 원하는 곳을 모두 뜯어고치지 않는 한 내가 만족할 나는 어디에도 없었던 셈이다.

그때 나는 나의 성찰을 통해 내 내면의 성장을 꾀하지 못했다. 밖으로 보이는 삶도 물론 중요하지만. 그보다 자존감을 높이고, 정체성을 확립한 내실 있는 삶이 더 중요하다는 것을 알지 못했다. 시간이 흐르고 난 후에야 나는 그때 그 얼굴이 가장 잘 나온 증명사진이었다는 것을 알게 되었지만, 그땐 그랬다.

간접체험도 경험이다

나를 성찰하는 삶은 지속적인 자기점검을 필요로 한다. 나와 세계와의 관계에서 '나'의 위치가 어디인지, 나는 거기에서 무엇을 할 수 있는지, 지속해서 질문하고 반추하는 매우 능동적인 사유방식이기 때문이다. 이러한 과정을 통해 내 삶의 방향감각을 살릴 수 있다는 면에서, 나를 성찰하는 일은 지속해서 노력해야 할 과제이기도 하다.

성찰은 무엇보다 나와 세계의 관계를 파악하는 일에서부터 시작할 수 있다. 관계를 파악하기 위해서는 대상을 읽어내는 능력을 갖춰야 한다. 세계를 읽어내는 능력은 실질적인 자기 경험이나 독서를 통해 가능하다.

모두가 느끼듯이 사람의 경험이란 매우 미천하다. 경험을 통해 세계를 인식하는 데는 한계가 있다. 하지만 독서의 세계는 어떠한가. 책 속에는 우리가 궁금해하는 군상들, 예측하지 못한 인간들이 출현한다. 그리고 그들은 다각적으로 자신의 이야기를 들려준다. 책을 읽는 일은 그들의 이야기를 듣고, 간접 체험을 하는 일이다.

독서가 내적 성장을 돕는다는 말은 인간 군상이 보여주는 다양한 사건 사고를 간접 체험 한다는 말과 다르지 않다. 그 체험을 통해 자기의 삶을 반성하고 반추할 수 있는 길이 열린다는 의미와 다르지 않다.

많은 이들은 어렸을 때 읽었던 책을 시간이 지나고 다시 읽을 때, 이야기의 주제가 다르게 느껴지는 경험을 한다. 어떤 사건을 만날 때 그리고 그것을 경험할 때, 우리는 계속해서 성장하고 그에 맞춰 사고력도 변한다. 사건과 사고에 대한 판단과 이해가 달라지는 이유다.

책의 행간 속에는 감춰진 의미들이 산다. 숨겨진 의미들이 산다. 그 의미들은 시간과 공간 그리고 읽는 이의 마음가짐에 따라 나타나기도 하고 은폐되기도 한다.

소크라테스는 말한다. "반성하지 않는 삶은 살 가치가 없다."라고.

성찰하면서 성장하는 삶

나다니엘 호손의 단편『큰 바위 얼굴』은 읽을 때마다 나에게 뭉클한 무언가를 남긴다. 우리나라 국어 교과서에 45년간이나 실릴 정도로 이 책의 내용은 우리에게 익숙하다. 하지만 나는 읽을 때마다 새롭다. 내가 주목하는 이 책의 위대함은 현대사회의 모습인 세속성을 구체적으로 보여주는 부분에 있다. 주인공 어니스트가 사는 마을에는 사람의 형태를 띤 큰 바위 얼굴을 닮은 현인이 올 거라는 전설이 있다. 이 마을 사람들은 언젠가는 나타날 위대한 인물의 기준을 돈, 권력, 수단 등 세속성에 두면서 현인을 기다린다. 이 장면들을 읽을 때마다 나는, 반성과 성찰의 부재로 인해 적나라하게 들춰지는 현대사회의 새로운 일면을 목격하는 느낌을 받는다.

성경에 의하면 '새 술은 새 부대에 담아야 한다.'고 한다. 주민등록증도 스마트폰으로 확인할 수 있는 모바일 시대에는 디지털 생활이 우선되어야 한다고 말하는 사람도 있다. 하지만 그런 시대일수록 우리는 새것과 옛것의 길항관계를 고민하고 이를 바탕으로 성찰의 사회를 유지시켜야 한다. 시간과 공간의 한계를 뛰어넘어, 내적 성장과 성찰을 바탕으로 새로운 시대를 도모하고자 할 때, 그 첫 번째로 실행할 수 있는 첩경은 인문고전 독서일 것이다.

07

○

인문고전은 어떻게 삶을
단단하게 하는가?

"세계는 당신이 생각하는 것보다 훨씬 광범위하며 그 세계는 책에 의
해 움직인다."

— 볼테르

나는 화학을 좋아한다. 지금까지 문과의 울타리안에서 살아왔지만 나
는 화학작용으로 생성되는 세계에 흥미가 있다. 하나의 물질이 다른 물
질과 상호작용할 때 또 다른 물질로 변화를 일으키는 그 순간의 무한의
엉킴은 매우 환상적이다.

음식을 섭취하고 나면 우리 몸에서 다양한 화학작용이 일어난다. 그것을 통해 몸이 양분을 공급받고 건강한 육체를 만들듯이, 사람의 마음과 마음이 만나 알 수 없는 작용에 이끌려 사랑하듯이, 화학작용은 알 수 없는 세계를 창조하는 원천과 같다.

내가 화학과 작용에 관심을 둔 계기는 인문고전 독서에 있다. 독서는 나와 고전 속 주인공 그리고 작가가 서로 결합하고 상호작용해 뜻하지 않은 관점을 가지게 한다.

보이지 않던 세계를 보게 한다. 대체로 친절하지 않은 문장과 이해하기 어려운 스토리도 있지만, 읽고 또 읽다 보면 그것이 나의 이야기이기도 하다는 걸 알게 된다. 물질 안에 이미 그 성질의 성분들이 있다는 것을 모르고 있다가 그것을 자극하는 어느 물질에 의해 제 모습을 드러내는 화학작용이 그렇듯이, 인문고전 독서는 내가 몰랐던 나의 이야기, 내가 느끼지 못했던 나의 감정들을 만나게 한다.

우연은 없다

갑자기 가슴이 답답하고 숨이 턱 막히는 어느 시절이 내겐 있었다. 어떻게 할지를 몰라 안절부절못하고 있을 때, '네가 갈 수 있는 데까지 최대한 멀리 가보라'는 한 선배의 말이 생각났다. 나는 무작정 기차역으로 달려갔다. 서해로 가는 새벽 기차를 탄 것이다. 섬처럼 혼자인 사람들 사이에서 나도 섬처럼 앉아 멍하니 창밖을 바라보았다. 스쳐 사라지는 풍경을 보며 나도 저렇게 사라졌으면 좋겠다는 생각도 했다. 온천이 있다는 역을 지나면서 음료수를 파는 사람이 나타나고, 큼직한 가방을 짊어진 한 무리 사람들이 타고, 기억에 없는 사람들이 오르내리기를 여러 차례 한 후에야 종착점에 다다랐다.

나는 무작정 바다로 갔다. 나처럼 속이 타는 사람들이 드문드문 보였다. 나는 모래사장을 맨발로 걷고 걸었다. 그냥 걷기만 했다. 아무 생각도 하지 않았다. 그러다 불쑥 바다를 향해 소리를 질렀다. 바다가 놀라 몸을 뒤채기를 몇 차례. 한나절 그러고 다니다 보니 배가 고팠다. '이모 댁'이라는 이름이 정겨워 그곳에서 조개 칼국수를 먹었다. 생각과 달리 잘 먹히지 않아 숨을 깊이 내쉬면서 주변을 둘러보았다. 모기를 때려잡은 자국이 벽마다 선명했다. 날개 부분이 시커먼 선풍기가 벽에 걸려 있었다. 그 아래 음료수 박스에는 날 지난 신문이 쌓여 있고, 그 틈으로 낡은 책이 보였다. 나는 일어나 책을 집어 들었다. 표지도 없고 앞뒤가 뭉텅 사라진 책이었다. 나는 주인에게 책을 내게 팔라고 했으나, 그냥 공짜로 집어 오게 되었다.

돌아오는 기차에서 나는 책을 읽었다. 내가 그 책을 갖고 싶었던 이유는 "절망이 없이는 사랑도 없다."라는 문장이 맨 앞장에 쓰여 있었기 때문이었다. 무슨 내용인지 잘 알기 어려웠지만 그냥 읽었다. 책의 주인공 뫼르소는 자기 인생의 주인이 되지 못한 방랑자였다. 이 방랑자를 이해하고 싶었다. 삶을 권태롭게 여기고 세상일을 무덤덤하게 여기는 그의 성향이 매력 있어 보였다. 무의미한 일상을 무던히 살아가는 그의 모습이 신기했다.

　나중에 알게 되었지만, 이 작품은 까뮈의 『이방인』이었다. 다 떨어져 나가고 남은 몇 페이지였지만 그 몇 문장으로 '나는 산다는 게 무엇인지' 다시 생각하기에 이르렀다. 나의 슬픈 자화상 같았던 뫼르소가 나를 다시 바라보게 했다.

삶의 지렛대가 되는 인문고전

　인문고전은 영혼을 키우는 데 기여한다. 책을 읽다 보면 나를 위축시키는 것과 나를 확장시키는 것과 서로 만나게 된다. 이 만남이 내 존재의 내적 갈등을 무화시키면서 화학작용을 일으킨다. 스티브 잡스는 '창조, 혁신, 융합'을 모토로 삼으면서 그것을 이끌어 갈 핵심을 인문학에 두었다. 그것도 다 화학작용의 현상을 믿었기 때문일 것이다. 이 사회는 한 사람의 뛰어난 개인이 아닌, 모든 사람의 잠재적 능력의 합산, 즉 인문학적 정신을 반영한 기술과의 융합으로 발전하고 있으니까. 내가 없이는 우리도 없다는 차원에서, 우리가 없이는 내가 없다는 의미에서, 인문고전은 모든 이에게 든든한 방패이자 지렛대라 할 수 있다.

그러니까 인문고전을 읽는 일은 영혼의 힘을 기른다는 의미이다. 이미 알고 있는 것들을 새로운 시각으로 바라볼 수 있기 때문이다. 새로운 것을 탐독하고 알아 가는 과정은 관성적인 편안함에서 벗어나는 것을 의미한다. 이미 알고 있다고 생각한 세계가 낯설고 이질적인 모습을 보일 때 자기 정체성은 이뤄지고 동시에 창의성은 발현된다.

그 많은 고전 중에서, 시간과 공간을 초월해 생명력을 이어가는 고전 중 고전인 인문고전. 화가가 자연을 이해하고 사랑하는 방법은 그것을 자세히 그리는 데 있다. 사람들에게 자연을 더 잘 보여주고 이해시키기 위해, 있는 그대로의 모습을 초월하여 자신의 정신까지 캔버스에 쏟아붓는다. 같은 의미로 인문고전은 사람을 이해하고 세계를 이해할 수 있도록 사람의 이야기를 들려주기 위해, 시간과 공간의 한계를 뚫고 나온 책이다.

인문고전은 스스로 발견하게 한다. 먼저 스토리를 통해 현실을 보는 법을 알게 한다. 독서 과정을 통해 쉼 없이 질문하게 만든다. 그렇게 질문하지 않으면 현실을 볼 수 없다는 것을 알게 한다. 질문하다 보면 고전 속 이야기가 현실 문제임을 자각하게 된다. 현실에 문제가 있어도 그것을 알아채지 못하면 우리는 번번이 그 문제에 의해 억압을 당하게 마련이다.

인문고전은 또 삶의 상황을 더 좋게 만들 수 있는 법을 알게 한다. 인문고전에 등장하는 사람들은 모두 다르다. 시대도 다르고 종교도 다르고 정치, 경제, 문화 등 모든 면에서 다르다. 그 이야기를 위해 사용된 언어도 다르다. 한 마디로 다른 시대, 다른 나라에 사는 사람들의 이야기가 대다수다. 우리나라의 이야기라 할지라도 시대가 다르고 사는 방법이 다르고 생각하는 법이 다르다. 그런데 이렇게 다른 이들의 이야기에는 공통점이 있다. 시대를 살면서 올바른 방향으로 향하고자 하는 의지가 있다. 이는 인간의 삶에 관심을 가지고 보다 나은 상황을 만들려고 노력해야 한다는 것을 보여준다.

사람들은 지금보다 더 나은 나를 만들기 위해선 고통과 실패를 극복해야 한다고 말한다. 그렇듯이 인문고전 속의 이야기에는 갖은 고문이나 죽음을 불사하면서까지 올바른 길을 탐구하는 주인공이 등장한다. 그 안에서 용기와 정직, 공감과 소통을 통해 문제적 상황을 해결하려는 의지를 발견할 수 있다.

아르키메데스는 지렛대와 받침대만 있으면 지구를 들어 올릴 수도 있다고 말했다. 우리는 자신을 들어올리고, 자신의 문제적 삶을 바꿔주고, 자신의 삶을 단단하게 만들어주는 지렛대인 인문고전을 어디서 어떻게 활용할 수 있을까.

1909년 노벨 화학상을 받은 독일의 물리화학자 프레드릭 오스트발트는 '긍정적인 사고방식'과 '독서'와의 공통점을 발견했다. 책을 많이 읽는 사람은 긍정적인 사고방식을 가지고 있으며, 긍정적인 사고방식을 가지고 있는 사람은 책을 많이 읽는다는 것이다. 이는 곧 긍정적인 사고는 성공의 지표를 높이며, 성공자들은 모두 책을 많이 읽는다는 의미로 귀결된다.

이에 맞는 좋은 예로는 미국 시카고대학의 인문고전 플랜이 아닐까 싶다. 시카고대학은 1930년대에 144권의 인문고전 필독서를 지정하고는 학생들이 졸업할 때까지 이 책들을 다 읽도록 하는 플랜을 가동한다. 처음에는 이 계획에 대해 많은 학생이 반대했다. 하지만 이 플랜은 흔들림 없이 진행되었다. 이 인문고전 플랜은 시카고대학이 세계 최고의 대학으로 성장할 수 있는 발판이 되어주었다.

인문고전은 넓고 넓은 세계를 가장 손쉽게 경험할 수 있도록 한다. 그리고 상상력을 발현하도록 해 준다.

마음이 안다, 나의 새로운 에너지의 흐름을

물질과 물질의 상호작용은 자체적으로 일어나는 화학결합이며 화학반

응이다. 이것은 어떤 성질과 성질이 만나는가에 따라 상상하지 못할 결과를 만들어 내는 가능성의 세계다. 나는 과학으로의 화학보다는 삶과 삶의 화학작용에 관심이 크다.

특히 인문고전을 읽으면서 새롭게 만나게 될 등장인물과 사건 사고가 마음과 결합할 때, 그 안에서 생성되는 마음의 변화에 관심이 쏠린다. 독서를 하다 보면 마음 저 깊은 곳에서 미세한 진동이 일어나고 있음을 마음만은 감지해낼 수 있다. 누구에게도 들키지 않게, 흐르는 변화의 에너지와 그 방향을 감지하게 된다.

서해를 다녀오면서, 다 떨어져 나가고 몇 장 남지 않은 책의 페이지에서 뫼르소를 만났듯이, 인문고전으로 시작된 삶의 지진계는 새로운 삶과 세계의 변화를 생성하는 에너지가 된다. 새로운 관점으로 세계를 바라볼 때의 신선한 충격은 경험하지 않으면 알 수 없는 신비의 세계다.

학교에서 배우지 못한,
지혜로 살아가는 청춘들

스마트폰의 출현은 혁명이다. 우리는 스티브 잡스가 탄생시킨 스마트폰이 아니었으면, 기성세대가 살아온 방식 그대로를 답습하면서 지내고 있을 것이다. 학교공부에 매진하고, 앞선 세대가 이룬 성과에 맞춰 취업을 하고, 사회생활의 요령과 일 잘하는 법을 배우면서 그렇게 큰 변화 없이 살아가고 있을 것이다.

스마트폰은 이제 그렇게 살지 말라며, 다른 문명, 다른 삶으로 우리를 안내한다. 이 세계는 한 번도 경험한 적 없는 새로운 방식으로 삶을 전개시킨다. 이 시대를 선도하는 젊은이들은 자연스럽게 그 세계의 시민이 되어 있다. 하지만 그 세계가 영 낯설고 어려운 이들도 있다. 바로 기성 세대이다. 이들은 이 세계가 만든 사고방식과 생활방식이 마땅치 않다. 그래서 말한다. '기계가 인간다움을 모두 망치고 있어, 예전에는 전화번호를 기억하고, 종이 지도를 보고, 모든 걸 일일이 살피는 마음이 있었는데, 지금은 머리를 쓰지 않아, 도무지 사람 사는 곳 같질 않아, 버스에서 식당에서 길에서 그게 다 뭐야, 유령처럼 손바닥만 쳐다보고⋯.'

그렇게 보이고 그렇게 생각할 수도 있다. 하지만 이 세계는 과연 그런가. 스마트폰 안에서는 날마다 또 다른 세계가 열린다. 가능성의 세계가 그 안에 다 들어있다. 손안의 혁신이며 손안의 혁명이다. 무엇을 기억하느냐에서, 무엇을 보느냐, 무엇을 활용하느냐의 문제로 패러다임이 바뀌었다. 어른들이 염려하는 인간관계도 그 방식이 달라졌다. 스마트폰은 일반 전화는 물론, 메시지, 영상통화가 언제든 가능하고 어디서든 안부를 물을 수 있다. 뿐만 아니라 회의나 모임 등도 이 안에서 다 이뤄지고 있다. 오히려 삶을 다양하게 꾸미고 풍부하게 만드는 방법이 구비되어 있는 셈이다.

그런데도 어른들은 왜 그렇게 이 세계가 불편한 걸까?

사람들은 그렇다. 자신에게 익숙한 관습과 사고의 틀이 낯설어질 때, 위협을 느낀다. 본능적으로 자기방어 태세를 갖춘다. 동물 다큐멘터리에서 제 영역을 침범당할 때 서로 목숨 걸고 싸우는 동물과 유사하다. 어른들은 지금껏 자신들이 구축해놓은 방식으로 최선을 다해 견고한 사회를 만들었다. 그 사회가 무너져가는 것을 목격하면서 충격과 불편, 소외, 무기력 등 설명하기 어려운 혼란을 느낀 것이다. 한편으론 어른들의 그런 고충이 이해가는 부문이다.

하지만 우리는 알고 있다. 새로운 시대가 밀려올 때, 그것을 막을 방법은 없다는 것을. 예전에는 은행을 가고 TV를 보고 시장에 갔지만, 요즘은 은행도 TV도 시장도 스마트폰 속으로 들어왔다. 살아가려면 스마트폰을 사용하지 않으면 안 되는 이 시대가, 어른들 입장에선 위협적으로 보이는 것은 당연해 보인다. 이는 시대를 주도적으로 이끄는 중심축이 기성세대에서 스마트폰으로 소비와 문화와 정치, 경제를 운용하는 젊은 세대로 옮겨지고 있다는 것을 반증하니까.

새로운 리더, 젊은이들

영국 경제 주간지 〈이코노미스트〉는 2015년 3월, '스마트폰의 행성(Planet of the phones)'을 표지 기사로 게재했다. 기사에는 '스마트폰 없이 살 수 없는 인류문명의 시대, 포노 사피엔스'를 소개하고 있다. 주간지에 의하면 포노 사피엔스는 '스마트폰의 등장으로 시공간의 제약 없이 소통할 수 있고, 정보 전달이 빠르고 정보 격차가 해소되는 등의 생활을 하면서 스마트폰 없이 생활하기 어려운 사람들'을 의미하는 용어이다. 호모 사피엔스가 지혜가 있는 인간을 의미한다면, 포노 사피엔스는 지혜가 있는 폰을 쓰는 인간을 의미한다.

스마트폰으로 우리는 새로운 사회, 새로운 삶의 방식을 도입하고 있다. 그 방식은 걷잡을 수 없는 속도로 변화를 거듭한다. 자연스럽게 어른에게 살아가는 방법을 배워야 했던 시간들은, 오히려 어리고 젊은이에게 새로운 삶의 방식을 배우는 시간으로 변했다.

이쯤에서 궁금하다. 스마트폰을 처음 세상에 내놓은 스티브 잡스는 이 폰이 인류문명의 새로운 세계를 창조하는 기본 도구가 될 것이라고 상상이나 했을까? 어쩌면 그는 알았을지 모른다. 적어도 인간에게 사랑받을 수 있는 제품이 되어, 인간의 삶을 이롭게 하길 바랐으니까. 그가 남긴 말 중 "기술이 아니라 사람이 중심이다."라는 말의 뜻이 곧 그의 정신이기 때문이다.

우리는 4차 산업혁명이 일상 깊숙이 들어와 생활의 혁명이 일어나는 현재를 살아가고 있다. 인공지능, 로봇, 사물인터넷 등과 같은 기술과 어떻게 공존할 것인가. 인간 본연의 특성을 잃지 않고 이 시대를 살아가는 방법은 무엇일까. 이러한 물음에 답을 구하기 위해 우리는 스티브 잡스가 말한 '인간의 본질에 대해 관심을 갖고, 인간의 내면에 대해 깊이 성찰'하는 인문학의 정신에 집중해보고자 한다. 지혜의 원천인 인문고전에 주목해보고자 한다.

지식에서 지혜로

'인성교육진흥법'이 있다. 정부는 2015년 7월 이 법을 시행, 인성의 8대 덕목으로 '예, 효, 정직, 책임, 존중, 배려, 소통, 협동'을 규정하였다. 이 법은 이듬해부터 시행되면서, 일선 교육청은 교사와 학생을 위한 인성교육 프로그램을 만들어 운영하였다. 교육청은 이와 관련하여 각계의 전문가를 초빙하여 구체적인 이야기를 듣고자 하였다. 나도 이 시기 프로그램 강의를 맡아 진행에 참여했다. 교육청이 마련한 교육목표와 개요는 대체로 '인문고전'을 중심에 두고 있었다.

정부가 인성 개념을 다시 규정하여 젊은이들에게 적용하려는 의도에는 스티브 잡스의 영향도 있다. 그가 진행한 강연이나 글에서 빠지지 않고 등장한 것이 '인문고전'이고 '인문학'이었다. 그는, 사람을 중심에 두는 철학으로 사람을 좋아하고 사람에 대한 깊은 배려를 담아내려고 노력한다고 스스로 밝혔다. 기술이 고도화될수록, 사람을 대할 때 마음을 다하는 것이 중요하다는 메시지는 전 세계의 교육에 영향을 미치고 있다. 이

메시지는 세계적인 기업도 그 운영 방법을 새롭게 정비해야 한다는 필요로 해석되고, 실현되고 있다.

대표적인 예로, 미국의 인터넷 플랫폼 기업 아마존을 들 수 있다. 아마존은 고객의 특성을 다양하게 카테고리로 분류한다. 고객의 만족도를 높이기 위한 추천 시스템을 운영하기 위함이다. 이 시스템에서 가장 중요한 것은 '공감'이다. 데이터를 보고 고객의 마음을 읽어내는 능력은 공감에서 나오기 때문이다. 고객을 먼저 만족시켜야 한다는 입장을 살펴보면 사람이 중심이라는 인문학의 의미가 담겨 있다. 모든 기술은 인간을 위한 것이어야 하기에, '이기적인 엘리트보다 남을 배려할 줄 아는 따뜻한 인재'를 원하는 시대가 열린 것이다.

인성법을 도입하면서까지 인문과 기술의 융합을 통한 새로운 세계를 구축하고자 하는 시대의 요구가 어떻게 관철되어 그 효과를 보일지는 아직 알 수 없다. 분명한 것은 우리는 각자 자신의 철학을 삶에 적용시키기 위해 가치관을 확립하여야 한다는 점이다. 잡스가 청년시절부터 하나의 결과물이 나오기까지 손에서 놓지 않았다는, 인문고전을 내 생활에 적용하여 내 것으로 삼을 줄 아는 지혜가 필요하다.

이 같은 내용을 중심으로 나는 인성과 인문고전을 연계하여 소개하는 강의를 하였다. 강의를 마치고 나오자 한 선생님이 다가오더니 내 손을 꼭 잡았다. 인성교육이 단지 예절을 가르치고 예법을 가르치는 것으로만 생각했는데, 왜 이 시대에 인성이 중요한지를 알게 되었다는 것이다. 나는 오히려 이러한 자리를 마련해준 학교에 '인문고전'이 얼마나 다양한 지혜를 창조하는 근원이자 보고인지를 알게 되어 더 감사했다.

인문고전에서 찾은 스승

나다니엘 호손의 『큰 바위 얼굴』에서 어니스트는 '큰 바위 얼굴'을 기다리며 그를 스승으로 삼아 매일 사색과 명상을 한다. 그는 마을에 전해져 내려오는 전설이 실현될 거라는 막연한 기대에 머무르지 않는다. 그 전설의 주인공이 나타나면 그를 만나고 싶다는 염원을 가지고, 그를 만날 수 있는 자격을 갖추기 위해 자신을 단련한다.

어니스트는 무엇보다 큰 바위 얼굴에 깃든 품격을 닮고 싶어 한다. 큰 바위 얼굴은 높은 사상과 감정, 그리고 숭고한 지혜를 지닌 스승이라 여기며 그를 흠모한다. 그렇게 가슴에 품은 스승의 모습을 상상하면서 날마다 자신의 내면을 성장시키는 데 근면한다. 이것은 학교에서 가르치지 않은 지혜이며, 교과서에 실리지 않은 지혜이다. 어니스트는 스승의 품격을 닮기 위해 성찰과 반성을 거쳐 겸손과 지혜에 이른다. 숭고한 삶의 인격체로 세상을 살아가는 지혜를 스스로 터득한 것이다. 그 결과 그는 점점 숭고하고 지혜로운 인격자로 성장한다. 그가 곧 '큰 바위 얼굴'이었던 것이다.

어니스트는 큰 바위 얼굴로 태어나지 않았다. 전설 속 인물인 큰 바위 얼굴을 마음에 그리고 그를 닮기 위해 무던히 노력하였다. 마음의 형체를 그리고 그를 닮아가고자 하는 그의 의지가 어니스트를 큰 바위 얼굴로 만들었다.

현대는 기회와 우려가 공존하는 시대다. 오늘날 교육은 삶의 의미보다 실용학문에 집중한다. 기능적 인간으로 자라라고 주문한다. 현대와 같은 다변화되는 사회에서 우리는 어니스트처럼 인문고전 안에서 자신만의 스승을 찾아 그를 닮아가는 생활을 해야 한다. 스스로 지혜로운 자로 살아가는 방법을 모색해야 한다. 인문고전은 나와 세계의 중심을 지키는 지혜의 샘이다.

01

○

21세기 성공지능은
독서력이 좌우한다

월출산을 가겠다고 따라나선 것은 정말 무리였다.

나는 주말만 되면 산악 모임을 먼저 챙기는 절친이 서운했다. 영화제에서 호평 받은 작품이 개봉될 때 함께 보고자 했던 나의 계획이 수포로 돌아간 것은, 친구의 주말 산악 모임 때문이었다. 또 가까운 바다로의 주말여행이 꿈으로 끝나게 된 것도, 그의 산악 모임 때문이었다. 이 밖에 대부분의 주말 계획은 나 혼자만의 것이 되어, 그야말로 계획만으로 끝난 일이 한두 가지가 아니었다. 모두 친구가 산악 모임 사람들과 산에 올라갔기 때문이다.

물론 그 모든 일은 나 혼자서도 충분히 할 수 있는 것들이다. 하지만 나는 혼자라는 사실이 싫었다. 혼자 영화 보고, 여행가고, 밥을 먹고 하는 것들이, 왠지 청승맞아 보였다. 그래서 주말이면 인간관계에 문제가 있는 사람처럼, 가족들 눈치를 보며 집만 지키는 신세가 되었다. 친구의 의중과 무관하게 나는 친구를 야속하게 여겼다. 지금 생각하면 혼자하면 더 좋을 일들이고 더 좋은 시간이었을 텐데, 그땐 그랬다.

한번은, '다음 산행에 나도 같이 가자'고 친구에게 청했다. 친구는 두 눈을 크게 뜨고는 대뜸 고개를 가로저었다. "정말? 음 그런데, 다음에 같이 가자, 이번 산행은 좀 어려워." 친구의 거절 아닌 거절에 마음이 상해 괜찮다며 무조건 따라나섰다. 그 산이 월출산이었다. 소백산계 무등산 줄기로 실제 높지는 않으나 험해 오르는 일이 쉽지 않다는 산이었다.

산은 산을 꿈꾸는 사람에게 길을 열어준다고 했던가. 나는 그날 산을 타고 다닌 게 아니라 기어 다녔다. 산이 초대하지 않았으나 무작정 문을 열고 들어선 불청객처럼, 네 발로 기어 다녔다. 속으로는 친구가 말릴 때 듣지 않은 걸 후회를 하면서 어떻게든 앞사람을 따라 올라갔다. 친구와 일행들이 가다 쉬고 가다 쉬면서 나를 보고 웃는 모습이 미안했지만, 점점 그런 생각을 할 겨를조차 없어졌다. 숨이 차올라 한 걸음이 천근이었고, 온몸은 땅바닥이 붙잡고 놓아주질 않아 무겁고 축축한 게 만근이었다. 그렇게 해서 난생처음으로 산봉우리에 올라섰다.

성공의 길이 달라졌다

산 정상에는 아무 것도 없었다. 거기에 무엇이 있어서가 아니라 거기에 아무 것도 없다는 것을 확인하기 위해 산에 오른다는 표정으로, 사람들은 저 멀리를 보고 있었다. 널찍한 돌마당에 서서, 울퉁불퉁한 돌마당에 앉아서 사람들은 말을 아끼고 있었다. 나는 그 틈에서 가쁜 숨을 토해내기에 바빴지만, 왠지 마음이 훤해지는 느낌은 알 수 없는 쾌감으로 이어졌다. 내 가쁜 숨이 어느 정도 가라앉자 친구는 '힘들지 … 됐다, 이제 가자'라며 산을 내려가기 시작했다. 내려가는 길은 미끄럼을 타는 형국이었다. 이후 찾아온 몸살은 산이 뒤늦게 보내온 초대장 같았다. 산 정상, 아무 것도 없는 것을 확인하기 위해 사람들은 산을 오르고 있었다.

어릴 적 성장 드라마를 보다 보면 '정상에서 만나자'는 호기 어린 다짐들을 간간이 만난다. 같은 동네에서 나고 자란 친구들이 도시로 나가면서 미래를 약속하는 장면에서 등장하는 구호이다. 그런 장면을 보면 나도 모르게 뜨거운 느낌이 일어난다. 그 마음이 모두 정상에서 잘 만나길 바라는 응원으로 이어졌고, 나도 저렇게 정상을 향해 가야겠다는 다짐을 하게도 했다.

하지만 자라고 보니 드라마는 드라마일 뿐이었다. 드라마의 주인공처럼 생각지도 못한 크나큰 시련은 한 번으로 그치지 않고, 위기의 순간에 나타나는 귀인은 남의 이야기이고, 모든 역경을 딛고 최고의 자리에 오르는 일도 먼 이야기였다. 시련은 늘 일상의 분주함 속에 있고, 그건 스스로 해결하지 않으면 안 되는 일이었다. 그 일이 해결되면 또 다른 시련이 기다리고 있는 것이 현실이었다. 나는 그럴 때마다 드라마에 속았다는 생각을 한다. 그러면서 다시 드라마를 찾아본다. 드라마로 대리만족을 하고 카타르시스를 느끼는 나의 속물스러움 때문이다.

우리가 말하는 '정상'은 다른 표현으로 '성공'을 의미한다. 성공은 산 정상에 오르기까지의 과정이 필요하고, 그 정상에 오르면 잠시 그 자리를 지키다 이내 내려오는 수순을 포함한다. 인생의 주기로 보면 그 자리는 노력의 결과물인 장년의 시간일 것이다. 그러니까 성공의 실체는 일정 시간이 흐른 후에 제 모습을 드러낸다. 시간과 노력의 산물이 성공인 것이다.

그렇다면 진정한 성공이란 무엇일까? 성공을 위해서 준비해야 할 일은 무엇일까? 예전에는 학업이 우수한 사람만을 인재로 여기고, 그들을 중심으로 산업발전을 도모했다. 덕분에 산업이 발전했고 우리의 삶이 윤택해졌다. 하지만 현대사회는 예전의 방법이 더 이상 통용되지 않는다. 지금은 이전 삶의 방식이 더 이상 유용하지 않다. 스마트폰의 등장 이후 한 번도 경험해본 적 없는 세계 속에 우리가 놓여 있기 때문이다. 무엇보다 이전과는 다른, 이전에는 없었던, 이전에는 인정받지 못했지만 특이한 것들, 그러니까 차별화가 성공의 주요 요소가 되었다.

성공 지능은 따로 있다

이를 증거하는 이야기가 있다. 빌 게이츠의 이야기이다. 빌 게이츠는 신입사원을 뽑고는 한동안 아무 일도 시키지 않는다고 한다. 사무실을 제공하고, 갖은 복지혜택을 제공하면서 월급을 주지만 아무 일도 시키지 않는다. 신입사원들이 그 안에서 마음껏 이야기하고, 놀고, 게임하면서 심심하게 지내기를 권장한다. 일정 시간이 지나고 더 이상 놀 거리가 없을 때, 신입사원들은 무엇을 할까, 고민하고, 새로운 놀이를 창안하고, 기존 아이템을 변형시켜 뜻밖의 결과물을 산출하기도 한다. 새로운 것을 발견하면서 쉼 없는 창의성 놀이에 빠진다. 이렇게 출현하는 창의성의 집합이 오늘의 마이크로소프트사를 이뤘다는 것이다.

이렇듯 현대사회의 성공 개념은 달라졌다. 성공에 지능을 합하여 성공지능이라 표현하기 시작했다. 심리학자 스텐버그(Sternberg)는 성공지능의 세 가지 요소를 밝힌다. 어떤 새로운 용어가 등장하는 것은 어디선가 변화가 일어나고 있다는 신호이고, 새로운 움직임으로 새로운 사회가 등장하고 있다는 것을 의미한다.

21세기 성공지능을 키우기 위해 우리가 할 일은 무엇일까? 스텐버그가 밝힌 성공지능의 세 요소는 '분석적 – 요소적', '창의적 – 경험적', '실용적 – 맥락적'이다. 추상적으로 사고하고 결정하는 능력, 새로운 생각과 이와 무관한 것을 조합하는 능력, 변화하는 사회 환경에의 적응으로 기회를 최적화하는 능력이 그것이다. 이 지능만이 삶을 성공으로 이끈다고 보장할 수는 없다. 하지만 이 시대를 살아가는 방법이 이 지능 안에 있는 요소들이란 점은 부인하기 어렵다. 어느 한 요소의 뛰어남이 아니라 세 요소가 서로 균형을 맞출 때 성공지능을 갖추게 되는 것이다.

이 세 요소의 균형을 독서라는 성공지능으로 발현한 이는 빌 게이츠이다. 빌 게이츠는 말한다. "나를 키운 건 동네 도서관이었다." 성공한 사람이니까 독서를 하는 것이 아니라, 독서를 하니까 성공한 사람이 된 것이라고 나는 말하고 싶다. 성공지능을 키우는 방법 중 최고는 독서인 것이 분명하다. 특히 성공지능을 높일 수 있는 세 가지 요소인 분석력, 창의력, 실용력을 종합할 수 있는 능력 또한 독서를 통해 향상 가능하다. 이

만하면 독서를 통해 독서력을 키울 욕심이 나지 않는가.

권장독서 활용으로 쌓는 독서력

사람들은 말한다. 나도 독서를 하고 싶다. 독서를 통해 내 인생을 변화시키고 싶다. 내 인생이 변한다는 보장만 있다면 기꺼이 독서에 도전할 것이다. 그런데 무엇을 읽어야 할지 모르겠다. 어떻게 읽어야 할지 모르겠다. 특히 인문고전은 읽기가 어렵다. 내용을 이해하는 것도 어렵다. 솔직히 독서는 무용한 것 같다. 아무것도 보여주지 않는 것 같다.

그 말은 틀리기도 하고 맞기도 하다. 독서는 일정한 순서에 따라 읽는 행위가 아니니까. 독서는 한 번 했다고 해서 즉시 무엇인가를 보여주는 것이 아니니까. 독서는 무엇이든 책 한 권을 읽어봐야 다음으로 무슨 책을 읽을지 결정된다. 또 읽은 책을 두세 번 읽을 때마다 발견하는 요소가 다르다. 그러니 독서의 방법과 이로움은 실제 경험을 통하지 않고는 알 수 없다. 그것을 찾지 못하면 무용한 것이고 그것을 찾았다면 유용한 것이라 판단할 테니까.

다만, 나는 권하고 싶다. 도서관 등 책과 관련된 곳에는 항상 '권장도서 목록'이 있다. 쉽게 접근할 수 있는 도서가 있고, 접근하기 어려운 도서가 있다. 먼저 읽기 쉬운 것을 시작으로 해서 의식적인 노력을 해보는 것이 좋다. 그런 노력의 시간을 쌓을 수 있는 데까지 쌓아보면 어떨까. 빌 게이츠가 독서의 즐거움에 빠져 스스로 창의력을 기른 길을, 한 번 따라가다 보면 생각이 달라지는 지점을 만나게 된다. 그로 인해 자기만의 성공 지능을 만들어가는 것이다.

쉬운 길은 어디에도 없다. 월출산에 대한 무지 때문에 도전을 두려워하지 않았지만, 나는 그 산행의 경험으로 나의 생활의 변화를 목격하였다. 미리 안 될 것 같다는 부정적 생각을 조금씩 고치려 마음을 쓰고, 한 번 해보자는 마음의 용기도 존중하게 되었다.

02

○

인문고전 독서는 곧
자기성장이다

"탁월한 머리보다 무딘 연필이 낫다."

— 독일 속담

독일 속담에서도 알 수 있듯 어느 나라, 어느 시대나 천천히 꾸준히 하는 일이 성과가 좋다. 유명한 말이지만 한 번 더 새기면, '천재는 99%의 땀과 1%의 영감으로 이루어진다.'라는 에디슨의 말은, 수십 번을 들어도 명답이다. 자신의 경험을 바탕으로 한 줄 명언을 남겼으니, 그의 발명품은 99%의 땀의 결실인 셈이다. 마찬가지로 〈레퀴엠〉, 〈마술피리〉 등으로 유명한 음악가 볼프강 아마데우스 모차르트도 어릴 적 작곡을 하는 신동의 모습을 보였지만, 그가 정작 전 세계에 그의 음악을 알린 것은 21세기 이후의 일이다. 그 긴 세월 동안 그가 쌓은 노력이 있었기에 가능한 것이다. 만일 자신의 재주만 믿고 노력을 하지 않았다면 에디슨이나 모차르트는 유익한 결과물을 내기 어려웠을 것이다.

그 누구도 노력의 시간을 거치지 않고는 성공을 향해 갈 수 없다. 그 누구도 자신의 노력으로 이룬 자기성장이 없이는 결실을 맺을 수 없다. 노력이란 어렵고 힘들지만 자신의 목적을 이루기 위하여 애쓰는 일이다. 애쓰는 시간은 정해져 있지 않다. 무던히 애를 쓰는 일이 노력하는 일이다. 이런 말들은 사실 고리타분해 보인다. 형식적으로 하는 말 같기도 하다. 하지만 그것이 가장 정확하고 바른 말임에는 틀림이 없다.

그래서 우리는 가장 먼저 자기성장을 위해서는 자기 노력이 필요하다는 것을 알게 된다. 어릴 적부터 학업에 충실한 일도 이와 관련이 있다. 예체능이나 기술연마를 하면서 자기성장을 꾀하는 일도 마찬가지다. 이러한 자기성장은 학문적인 활동을 자양분으로 삼는다. 이러한 노력을 하다 보면 무언가 더 채워야 할 것 같은 허기를 느낀다. 지식의 허기, 마음의 허기를 느낀다. 책을 만나고 스승을 만나는 일은 이렇게 이어진다. 이러한 자기성장은 정신적인 활동과 깊은 연관이 있다. 자기성장은 학문적인 부분과 정신적인 부분이 서로 융합할 때 탄탄하게 균형을 이룰 수 있다.

뜻밖의 광경

도서관과 도서관이 연동하여 도서 대출을 해주는 서비스가 있다. 주민 편의를 위한 제도인데, 매우 쓸모가 있다.

어느 해 7월이었다. 동네도서관 검색을 하다가 원하는 책이 없음을 확인했다. 다른 곳을 찾아보니 시내에 위치한 도서관에는 그 책이 있었다. 그날도 상호대차서비스를 신청하다가 마지막 클릭을 멈추었다. 오랜만에 시내구경도 할 겸 다녀와야겠다는 생각이 들어서다. 날은 더웠지만 버스를 타고 도서관에 갔다. 많은 사람들이 로비와 열람실 등에 가득했다. 이렇게 많은 사람이 도서관을 찾는 게 놀랍기도 하고, 무슨 일이 있는가 싶어 궁금하기도 했다.

책을 빌리고 잠시 두리번거렸다. 도서관 한편에 있는 일반 강의실에서 마이크 소리가 문틈으로 새 나왔다. 문을 살짝 열어보니 남녀노소가 강의실을 꽉 채우고 있었다. 도서관에서 마련한 인문고전 교실이 열리는 중이었다. 그 강의는 『논어』 강독이었다. 칠판에 한자를 쓰는 분은 흰머리가 멋진 어른이었다. 개량 한복이 잘 어울리는 강사는 열띤 강의를 통해 공자님의 말씀을 설명하고 수강생들은 무언가를 적고 있었다. 열강과 열공의 열기가 실내에 가득했다. 나는 생각지도 못한 광경에 빠져 수강료도 내지 않고 한동안 도강을 하였다.

언제부턴가 우리 사회는 인문학 열풍이 거세다가 숙지다가 다시 거세지기를 거듭하고 있다. 잔불처럼 남았다가 번지고 퍼지는 인문학은 우리 사회가 어느 정도 성숙하고 있다는 모습의 반영일 것이다. 인문학적 사고력이 한 사회와 문화를 이끌고, 그 사회 구성원의 인식이 변화를 맞을 때, 성숙한 시민의식은 이해와 배려 등을 생활화할 수 있을 것이다.

인문학을 공부한다는 것은 단순히 지식을 쌓는 것을 목적으로 하지 않는다. 인문학은 세계를 정확하게 바라보고 비판할 수 있는 능력을 갖추는 데 도움을 준다. 그러니 여기엔 특출 난 전공자가 해야 한다거나, 이 공부를 특히 더 해야 하는 대상이 따로 있다거나 하는 것이 아니다. 인문학은 인문적으로 보고, 생각하고, 세계를 진단하고 싶은 이 모두가 익혀야 할 삶의 지침인 셈이다.

따라서 인문학, 즉 인문고전 독서는 모든 사람에게 필요하지만 특히 20대에게 필요한 공부이다. 우리 사회는 이미 성숙한 사회로 진일보하고 있기 때문에 그에 걸맞은 지성을 갖추어야 한다. 인문고전 독서는 자기수양을 위한 공부이면서 자기성장을 위한 밑받침을 다지기에 훌륭한 교재이다. 이원석은 그의 책『인문학 페티시즘』에서 "세상의 규칙을 넘어서서 자신만의 규칙으로 뚜벅뚜벅 걸어갈 수 있는 힘을 얻는 것"을 인문학이라고 하였다. 그러면서 비판적 사고의 중요성을 함께 강조했다. 인문학적 사유와 비판적 사고를 심화시키기 위해 선택해야 할 방법이 있다면 그것은 인문고전 독서를 하는 일이 될 것이다.

하지만 실상은 그렇게 간단하지 않다. 인문고전 독서는 일부 사람들이 향유하고 있다. 이유는 간단하다. 인문고전 읽기는 어렵다. 단순히 어려운 게 아니라 고되다는 표현이 맞을 것이다. 책을 좋아하는 사람이나 좋아하지 않는 사람 모두에게 불친절한 책이니까. 하지만 신기한 면은 있다. 인문고전을 읽고자 하는 이에게는 친절하게 길을 열어준다. 그렇기 때문에 몇 번을 강조하지만, 의도적인 노력을 해야 한다. 시카고 대학이 추진한 고전 읽기에서도 확인하였듯이 의도적이고 계획적인 노력을 하다 보면, 이 세계에서만 만날 수 있는 그 무엇을 내 것으로 삼을 수 있다.

정성이 다 한다

혹자는 말한다. 인문고전 독서를 하는 것은 초현실적인 경험을 하는 것이라고. 자칫 허구와 사실을 구별하지 못하는 환몽의 세계로 오해할 수 있을지 몰라 부연하면, 독서는 상상력을 길러준다. 상상력은 뇌에 자극을 주고 새로운 세계를 끊임없이 열어준다. 독서는 창의력의 바탕이 되는 기본 도구인 셈이다.

한 번은 공원에서 조카를 기다리고 있었다. 유치원에서 돌아온 조카는 집에 가기 전 30분을 꼭 미끄럼을 탄다. 나는 조카가 친구들과 노는 모습을 보면서 벤치에 앉아 있었다. 공원에는 육각정이 있는데, 거기에 세 명의 청년들이 음료수를 마시며 이야기를 하고 있었다. 포즈를 보니 방금 전까지 농구를 한 모양이다. 민소매 옷에 땀이 배어 있고, 바닥 옷가지 위에 농구공 하나가 있었다. 그들의 두서 모를 이야기는 벤치에까지 들려, 나는 본의 아니게 잠깐 그들 속에 편입이 되었다.

그들은 홍길동에 대해 이야기하고 있었다. 한 청년이 '홍길동이 지금 태어났으면 일찍부터 독립을 선언했을 텐데 아쉽다'고 말하자, 한 청년이 '집을 나올 때는 준비를 하고 나와야지 그냥 나오면 개털이 된다.'라고 받아친다. 그러자 한 청년이 '아버지가 돈이 많은 데 왜 나오냐, 나 같으면 안 나온다. 어떻게든 버티지'라며 분분했다.

앞뒤 맥락은 잘 모르지만, 나는 그들의 이야기를 들으면서 조용히 웃었다. 나 같으면 어떻게 했을까, 하는 고민도 덩달아 해보았다. 그런 생각을 하고 있는데, '홍길동이 지금 태어났으면 대박 부자가 됐을 텐데.'라는 말에 귀를 쫑긋했다. 옆 청년이 '부자? 왜?'라고 묻고, '장사의 신이잖아, 그 시대에 매점매석할 생각도 하고, 섬도 사고, 길동이는 인물이야, 딱 현대판인데, 세상 잘못 만났어.'라며 안타까워 했다. 그러자 두 청년이 크게 웃었다. '야, 그건 허생이지, 허생전의 허생, 뭘 좀 알고 떠들어

　우리는 어떻게 단단한 어른이 되는가

라'라며 박수를 쳤다. 그러자 한 청년이 '맞잖아, 섬을 통째로 샀잖아, 율도국… 아닌가?'라면서 얼버무렸다.

나는 조카와 함께 집으로 가면서 잠시 생각한다. 어느 글을 읽으니, 요즘 젊은이들은 고전 내용을 물어보면 전체 이야기는 대략 알지만 구체적인 내용은 잘 모른다고 한다. 책을 읽어도 디테일한 내용을 건너서 읽기 때문일 거다. 그리고 이야기의 선후도 헷갈려하거나 등장인물이나 사건의 인과 설명도 어려워한다고 한다. 눈으로 읽고 마음으로 새기지 않아서일 거다.

독서를 밀고 가는 자기성장

세계적인 천재들이 남보다 몇 배는 더 자기성장을 위해 노력했다는 건 알려진 사실이다. 인문고전을 읽는 일에도 그만큼의 노력이 필요하다. 그래서 우리는 분명 인문고전을 읽어야 한다는 필요는 느끼지만, 섣불리 시작이 안 되는 마음이 있다. 그런 거다. 독서를 생활화하는 일은 자기혁명에 가까운 일이다. 결코 쉬운 일은 아니다.

이렇게 해보면 어떨까. 내가 읽고 싶은 책이 무엇인지 알고 싶을 때, 내가 어떤 것에 매력을 느끼는지를 먼저 생각해보는 거다. 또 내가 지금 필요한 게 무엇인지 궁금할 때는 그 내용이 조금이라도 들어 있는 책을 찾아서 읽어보는 거다. 자신에게 가장 와 닿는 것을 선택하면 출발을 하기에 수월하니까. 모든 것은 출발이 반이니까. 그리고 읽기 전에 먼저 상상해보는 것도 좋다. 제목으로 상상하면서 시작하면 일차적인 소통이 이뤄진 셈이다. 내용이 내가 상상한 방향으로 가면, 신기해하면서 읽고, 내가 상상하지 않은 방향으로 가면, 궁금해 하면서 읽어가는 것도 하나의 방법이다.

인문고전은 현실에서 찾을 수 없는 꿈을 자유롭게 상상할 수 있는 꿈의 안내서이다. 읽었다고 해서 당장 무엇을 보여주지 않는 것 또한 인문고전의 모습이다. 독서를 하면서 고민하는 동안 자기성장은 고유의 힘을 지니게 될 것이다.

03

○

독서와 함께 춤을, 인생의 지도가
다시 그려진다

에스키모인의 나무지도 이야기를 들은 적 있다. 지도가 없던 시절, 에스키모인은 자신들이 항해했던 곳의 해안선 등을 나무에 조각하여 지도를 만들었다. 해안선의 모습을 새기고, 바람의 느낌, 바다 냄새의 느낌을 일일이 나무에 새기면서 지도를 완성하였다.

이렇게 마련된 지도는 이후 다른 에스키모인이 먼 곳으로 항해를 할 때, 그 나무를 만져 자신의 위치를 파악하는 데 사용되었다. 선조들의 지혜가 후손들의 삶을 원활하게 만들고 순조롭게 이끌어갈 수 있는 지대한 유산이 된 것이다.

에스키모인의 나무지도는 경험을 느낌으로 해석하여 새긴 지도이다. 경도와 위도와 무관한 자신들만의 인식으로 만든 지도이다. 그 지도는 그들만이 감지할 수 있는 이해와 설득의 언어가 담겨있기 때문에, 그들은 나무지도만으로도 방향을 잃지 않고, 항해의 길과 인생의 길도 잃지 않을 수 있었다. 그 덕에 종족을 지켜낼 수 있었다.

에스키모인이 창안한 인식의 지도는 생각만 해도 특별하다. 바람을 새기고, 냄새를 새기고, 빛을 새기면서 길을 찾아가는 항로라니. 그리고 그것을 오롯이 품어주는 나무의 품이라니. 자연과 더불어 그 안에서 살아가는 사람의 특징에는 헤아릴 수 없이 많은 신비가 들어 있다. 자연의 언어를 느낌으로 대체할 수 있는 능력은 자연의 목소리에 귀 기울일 줄 아는 삶의 자세를 지녔기에 가능했을 것이다. 항상 자연으로부터 배우고 자연이 베풀어준 것을 지혜롭게 활용하며 살아가는 열린 자세가 자연과 소통하는 기능이 아니었을까.

자연의 뜻과 의도를 내 안으로 새길 줄 아는 식견과 안목은 지식이 아니라 지혜의 산물이다. 세상을 살아가는 데 지식은 반드시 필요하지만, 이것만으로 잘 살기는 어렵다. '해 아래 새것이 없다'라는 말이 있듯이, 살아가는 일은 앞에 난 길을 걸어가고 다시 걷는 일과 같다. 먼저 걸어간 사람들의 삶을 통해 그 안에서 지혜를 얻는 일은 그래서 중요하다. 현재의 내 삶을 더 나은 날들로 만들 수 있는 자본이, 앞선 세대의 오류에서 얻는 것이기 때문이다.

지도는 내 삶의 기호

사람의 피 한 방울에는 그 사람의 모든 정보가 다 들어 있다. 그것을 DNA, 즉 사람의 지도라고 한다. 지도는 길을 안내하는 역할도 하지만, 지도를 형성한 대상의 특징과 성향을 모두 함축하고 있기 때문에, 고유의 정체성을 드러내는 역할을 하기도 하다. 길을 안내하는 일은 다른 말로 자기만의 신체적 지도라 할 수 있고, 고유의 정체성은 다른 말로 자기만의 인식의 지도라 할 수 있다.

신체적 지도는 내 의지와 무관하고 내 선택과도 무관하게 주어진다. 부모에 의해, 조상에 의해 피에서 피로 전해지는 것이므로 그 구조와 조직은 일정한 범위를 벗어나지 못한다. 반면 인식의 지도는 모두 내 의지로 만들어진다. 내가 어떤 사유를 하느냐에 따라 가능성에 따라 형성된다. 사물이 아니고 앎을 배치하는 것이다.

사회생활을 시작하던 때, 첫 보너스를 받은 주말에 나는 조카들에게 책 선물을 하려고 같이 문고에 갔다. 이 문고는 오래전부터 내가 즐겨가는 곳이다. 책을 보고 사고, 음반을 사고 음악을 듣고, 식사를 하는 일 등을 모두 한 자리에서 해결할 수 있다는 점이 가장 좋은 점이다. 물론 웬만한 책은 이곳에 다 있는 것도 큰 장점 중 하나이다. 친구들과 만날 때도 문학 몇 번째 코너, 음반 오른쪽 오디오 코너 등으로 명명되던 약속 장소였으니, 게으른 나의 최애 장소로 적격이었다.

나는 갓 중학생이 된 조카들과 음반 가게 앞에서 헤어졌다. 각자 읽고 싶은 책이 있으면 잘 살펴보고 사기로 결정된 것이 있으면 이곳으로 오라고 하였다. 나는 그때 오래된 팝에 꽂혀 오디오 서비스로 듣는 것을 즐겼다. 좋아하는 음악만을 골라서 들을 수 있는 점이 좋아 한 자리를 차지하고는 선취한 음악 듣기에 푹 빠졌다. 그런데 이상했다. 한참이 지나도 아무도 나타나지 않았다. 나는 '책 보는 재미가 좋은가 보다.'라고 생각하고는 새로운 음악을 듣기 시작했다.

얼마나 지났을까. 점심시간이 훨씬 지나가고 있었다. 배가 고픈 줄도 모르고 책에 빠진 조카들이 대견하면서도 궁금하기도 해 그들을 찾아 나섰다. 이 코너 저 코너를 몇 번 돌아도 조카들은 보이지 않았다. 갑자기 겁이 덜컥 나서 구석구석 찾아다녔다. 한참을 돌아다니다 큰조카를 만났고 다음으로 작은조카를 만났다. 그들 손에는 아무 것도 쥐어져 있지 않았다. 나는 의아한 표정으로 '맘에 드는 게 하나도 없어?'라고 물었다. 그런데 가만 보니 조카들 얼굴이 울상이었다.

못 찾겠어, 정말

조카들은 책을 사고 싶었지만, 살 책 목록을 따로 준비해온 것은 아니었다. 그냥 보고 읽고 싶은 것이 있으면 사려고 했다고 한다. 그런데 문고가 너무 커서 어디 가서 찾아야 할지 몰라 이리 기웃 저리 기웃하다 시간을 다 보내고 만 것이다. 어린 나이에 도서관이나 서점에서 책을 분류하고 배치하는 방법이 있는 것을 알 리가 없었기 때문에 무작정 걸어 다녔으니 피곤하고 지친 기분이 좋을 리 만무했다.

문고 한쪽에 마련된 식당에 앉아 우선 식사를 했다. 다음부터는 각자 읽고 싶은 책을 못 찾겠으면 나한테 물어보든지, 안내하는 직원에게 물어보든지 하면 된다고 설명해주었다. 내가 좋아하는 음악을 듣겠다고 조카에게 소홀했던 시간을 만회하고 싶은 마음에서였다. 하지만 조카들은 식사를 마치고 곧바로 집에 가자고 했고, 우리는 그날 결국 빈손으로 돌아왔다.

그날 나는 조카들에게 실수를 했다. 동네 작은 서점도 그렇지만, 큰 서점의 경우에는 특히 분류가 세밀하게 되어 있다는 점을 말해주지 않았다. 돌아오는 길에 정치, 경제, 사회, 문학, 예술 등을 분류해야 책을 빼고 넣기가 편리하다는 것과 편집과 배치가 잘돼 있어야 손님들도 쉽게 원하는 것을 찾을 수 있다는 것과, 그 모든 것이 잘돼 있어야 가게운영에 문제가 생기지 않는다는 것을 말해주었다. 그땐 귀에 아무 것도 들리지 않았을 것이다. 지치고 힘들어 모두 자고 있었다.

책 제목만 듣고 코너를 바로 찾아 손님을 만족시키는 도서관이나 문고의 직원들은 모두 찾기의 달인이다. 책에 기입되는 코드를 모두 머리에 입력하고 언제든 찾을 수 있으니 달인 중 달인이다.

현대인의 삶의 특징은 지식 정보의 과잉시대 속에 거한다는 점이다. 지식 정보가 넘치다 보니 이를 어떻게 분류해야 하는지가 관건이다. 특히 변화 속도가 가속화되고 있는 사회에서 지식에 대한 정보 처리가 해결되지 않으면 현대를 살아가기에 많은 어려움이 따른다. 현대는 지식 정보를 분류하고 편집하고 배치하는 자기만의 지도가 필요하다. 이러한 지도를 만드는 일은 자기만의 노력과 자기만의 특징이 융합된 능력으로 가능하다. 이러한 능력은 어디서 어떻게 기를 수 있는 걸까.

우리가 독서를 하는 이유는 단순히 지식을 축적하기 위함이 아니다. 독서는 내가 가지고 있는 사유의 세계를 분류하고 편집하고 배치하는 방법을 익히는 일이다. 그러니까 앎을 배치하고 나만의 인식의 지도를 만드는 지혜의 창고를 짓는 일이다.

인문고전 여행으로 인식의 지도를

"고전이란 우리가 누구이며 우리가 어디에서 왔는지를 이해할 수 있도록 도와주는 책이다."

— 이탈로 칼비노

이탈로 칼비노가 『왜 고전을 읽는가』에서 말한 이 문장은, 내가 어떤 생각을 하는지 알기 위해 고전을 읽는 것이며, 또 생각하는 즐거움을 누리기 위해 고전을 읽을 때 나에 대한 인식의 지도도 그려진다는 의미로 해석할 수 있다.

칼비노의 의견을 빌려와 다시 생각해보면, 인문고전 독서로 '나'에 의한 나의 인식의 지도는 우리의 고전과 외국 고전을 비교하는 읽기로 그릴 수 있다. 외국 고전을 읽을 때도 시대가 서로 다른 것을 비교 대상으로 삼아 읽는 것이 좋다. 뿐만 아니라 인문고전을 읽을 때 유사한 주제가 깃든 현대문학을 함께 읽는 것이 좋다.

인식의 지도란 한 시대의 이야기만으로 만들어지는 것이 아니다. 서로 다른 시대의 차이를 통해 세계를 통찰할 수 있을 때, 인식의 지도는 그려진다. 즉 인식의 지도는 같은 시대와 다른 시대를 비교하면서 그 차이를 분류, 편집, 배치하는 과정에서 고유하게 만들어지는 생각의 구성물이다.

인문고전 여행을 통해, 지식이 지혜로 확장되면서, 자신만의 인식의 지도를 그리는 일은 매우 흥미로운 작업이다. 에스키모인이 자연의 느낌을 제도화하여 종족을 위한 인식의 지도를 만든 일은 얼마나 즐거운 지혜의 힘인가. 따라서 나만의 지도를 만드는 일은 나를 스스로 특별하게 만드는 일이다. 언젠가 나 스스로 읽지 못한 책의 목록을 작성하고, 읽어야 할 책의 목록을 작성하는 모습을 발견하게 된다면, 바로 내 안에서 인식의 지도가 그려지기 시작했다는 것을 의미한다. 그러니 읽자.

04

○

카오스의 세계를 지나
지혜의 보고로

샤를 단치는 그의 책 『왜 책을 읽는가』에서 "독서는 그 어느 것에도 봉사하지 않는다. 그래서 독서가 위대한 것이다."라고 역설한다. 무슨 이야기일까. 독서는 어느 것에도 봉사하지 않는다니. 우리는 지금껏 독서가 중요하고 우리의 삶에 영향을 끼친다고 강조하였는데, 단치의 독서에 대한 이해가 우리와 다른 것으로 보인다.

다시 보면 단치는, 읽는 순간에는 그 어떤 것도 실제 보여주지 않는 것이 독서라고 보고 있다. 독서는 내용에 대한 이해와 무관하게 즉물적으로 어떤 결과물을 보여주지는 않는다. 이런 특성으로 혹자는 독서는 무해한 행위라고 말하기도 한다. 하지만 단치가 주장한 '독서가 위대하다'고 한 점을 보면 독서를 하는 것 자체가 대단한 능력이라는 것을 알 수 있다.

단치의 말에 나는 동의한다. 독서는 일회성으로 그칠 수 없는 특별한 존재이다. 한 번 책을 읽었다고 그 내용을 다 아는 것처럼 말해서는 곤란하다. 모든 도서는 행간과 행간 사이에 저자의 의도를 숨겨놓는다. 시대 배경과 관련한 의도일 수도 있고, 저자의 사견이 들어간 의도일 수도 있고, 저자가 말하려다 만 주제의식일 수도 있다. 그런 의도는 독서를 거듭하면서 세심하게 주의를 기울일 때 하나둘 그 정체를 드러낸다. 그렇다 해도 우리는 그것을 다 안다고 할 수 없다. 그러니 누가 완벽한 독서를 했다고 말할 수 있을까.

책 읽는 것을 금지하겠다고?

독서의 위대함을 드러내는 유명한 사건이 있다. 바로 진시황의 분서(焚書) 사건이다. '책을 불태운다'는 뜻의 분서는 실제 중국에서 있었던 일로, 사마천의 『사기』에 그 전모가 자세히 설명되어 있다.

중국의 진시황은 학자들의 정치적 비판을 막기 위해 의약, 점복, 농업 등 실용서를 제외한 사상서적을 불태우라고 명령한다. 이 사건이 분서이다. 이 사건이 촉발된 이유는, 읽어서는 안 된다고 판단되는 사상서적이 폭발력을 지닌 정신의 디딤돌 역할을 하기 때문이다. 이때 사상서적은 『논어』 등 당대 인문고전을 의미한다.

인문고전이 현실에 영향을 미치는 강력한 매체로 작용하기 때문에 모두 불태워서 없애버린 것이다. 그때 수많은 인문고전들이 불태워져 사라졌다. 현재 우리에게 전해져 오는 『논어』 등은 공자의 제자들이 죽간 등에 스승의 말씀을 써서 흙담벽 속에 숨겨놓은 것들이라고 한다. 당시 공자의 말씀 중 일부만 전해 내려오는 이유가 여기에 있다.

우리나라 역사에도 유사한 일은 있었다. 조선왕조 건국 때 등장한 〈비기〉 도참의설이 그것이다. 나라의 운명이 바뀔 때마다 운명예정설처럼 새 왕조를 예고하는 내용을 실은 것이 〈비기〉이다. 예를 들어, 조선 건국 시에는 '왕씨가 망하고 이씨가 새 나라를 연다'는 글귀가 퍼졌고, 조선 건국 이후에는 '이씨가 망한 뒤 정씨가 새 왕조를 연다'는 글귀가 〈비기〉에 나타났다. 이에 조선 3대 왕인 태종이 "도참술수의 책은 혹세무민하는 가장 나쁜 것이다. … 이것을 없애야 한다."라고 천명하면서, 서적을 보관한 백성들은 관가에 제출하고, 관가에서는 이를 모아 모조리 불태운 사건이다. 이뿐 아니라 군사정권 아래에서도 금서는 있었다. 주로 민주적 역사인식과 제3세계, 자본주의 경제체제 비판 서적들이 불온서적으로 분류되어, 수거 내지 폐간되어 사라졌다.

일련의 사건들을 볼 때 책은 사람이 생각을 형성하는 데 큰 영향을 준 다는 것을 알 수 있다. 국가나 자본, 종교 등 기타 지배세력에 의해 출판과 판매가 금지되는 도서는 사람들의 사상의 지도를 만들어주고, 그 지도를 통해 지배세력의 부조리에 저항하는 힘을 발휘하는 힘을 내장하고 있기 때문이다.

"우리가 책의 소중함을 아끼고 지켜야 한다면, 그것이 지식을 광처럼 쌓아놓은 보물 창고이기 때문이 아니라, 창고 속의 미궁에 대한 모험을 부추기기 때문이다."

– 정과리, 『들어라 청년들아』에서

정과리 선생의 이야기처럼 책은 미궁에 대한 모험을 부추기는 원동력이다. 이 모험이 품고 있는 가치와 이상은 어림할 수 없을 정도의 위력을 지니고 있다. 그 위력을 아는 사람은 인문고전 독서를 멈추지 않는 것이고, 그 위력이 두려운 사람들은 인문고전 독서를 금지하는 것이리라.

미궁에서 미지로

수년 전, 저녁 뉴스를 보다가 놀란 일이 있었다. 어느 어른이 2층에서 컴퓨터를 창밖으로 집어던지는 바람에 마침 그 아래를 지나는 행인이 크게 다쳤고, 그 집은 작은 화재가 난 사건이다. 이야기의 전말은 이렇다. 사춘기 아이가 있는데, 이 아이가 하라는 공부는 안 하고 허구한 날 게임을 한 모양이다. 학원을 밥 먹듯 빠져 학원에서 날마다 전화가 오고, 성적은 떨어져 담임선생의 상담요청이 계속 들어왔다. 아이를 어르고 달래봤지만 말만 알았다 하고 도통 변하지 않은 모양이었다. 이를 지켜보는 엄마의 심정이 속이 터지고 답답하고 화도 치밀었던 모양이었다. 아이 엄마가 참다못해 아빠에게 이야기했는데, 그것이 사달의 발단이었다.

아들 버릇을 고쳐보겠다는 마음이 너무 커서 그랬는지, 먼저 컴퓨터를 없애버리겠다는 마음이 일었고, 이어 창밖으로 물건을 던지는 행동으로 이어졌다. 또 공부를 하지도 않을 거면서 이 많은 책이 무슨 소용 있냐면서 라이터를 켰던 것이다. 다행히 인명피해는 없었지만, 당시 사춘기 아이를 둔 부모들은 그 부모의 심정을 다 이해한다면서도 너무 했다고 아빠를 비난하였다.

사춘기 아이를 둔 집안의 풍경이 새삼스럽지는 않을 것이다. 정도의 차이는 있지만 아이들은 게임을 좋아하고, 부모는 공부하는 모습을 좋아하니까. 요즘 같으면 조금 달라졌을지 모른다. 요즘은 직업으로 프로게이머도 있고, 컴퓨터를 잘하면 그 나름으로 재능으로 인정되어 새로운 직업으로 각광을 받을 가능성이 크니까, 예전처럼 부모가 쌍수 들고 막지는 않는 것 같다.

나는 뉴스를 보면서 게임과 공부 이야기보다는 아이의 아빠가 책에 대해 가지고 있는 생각에 관심이 갔다. 매우 극단적인 행동을 하면서까지 아빠는 책에 대한 자신의 생각을 피력했다. 아이를 체벌하는 가장 큰 벌이 책을 없애는 것이라고 생각한 것이다. 컴퓨터는 창밖으로 보내버려도 괜찮은, 사라지면 좋을 외부요소인 것에 반해, 책은 내 안에서 태워 버릴 망정 밖으로 내던질 수 없는 내부요소로 받아들인다. 책도 창밖으로 모두 던져버릴 수도 있었는데 그러지 않았다. 불로 태워 없애버리고 싶은 마음이 컸다. 아빠의 이 행동은 아이에 대한 기대와 의지가 무너져 내린다는 마음의 증표가 아니었을까.

진시황이나 태종처럼 책이 사람에게 얼마나 큰 영향을 미치는지 너무 잘 알아서, 그 아버지는 책을 태운 것이 아니라 자신의 마음을 태운 것이라는 생각이 들었다. 그것은 미래에 대한 절망이고 좌절이고 포기가 아니었을까.

실제 인문고전을 읽다 보면 '왜?'라는 질문이 수없이 따라온다. 정과리 선생의 말에 기대면, 그것은 '미로'와 같은 길을 같이 가보겠다는 모험의 모습일 것이다. 인문고전의 세계는 지식을 탐하기 위해서 시작할 수 있지만, 결국 지식을 넘어 지혜의 보고로 나아가는 카오스이고 미궁이니까.

인문고전을 많이 읽은 이들과 대화를 하다 보면 사람의 심층이 어느 정도의 깊이인지 궁금해진다. 그들은 끊임없이 인간의 본질, 우리의 본질과 만나기 위해 독서를 멈추지 않는다. 그렇게 지적인 풍모에도 '오직 모를 뿐.'이라고 말을 한다. 인간의 세계란 알아도 안다고 할 수 없는 무엇이 있다는 것이다. 그것을 알고 있기 때문에 죽는 순간까지 배우지 않으면 안 되는 것이 인간이라는 것이다.

질문이 곧 지혜가 된다

지금은 인문고전 독서, 즉 카오스의 세계에 몸을 담글 용기가 그 어느 때보다 필요한 시기이다. 그렇기 때문에 인문고전을 읽으면서 계속 질문을 해야 한다. 20대에는 특히 세상에 대한 저항의식이 많은 시기이다. 그때 할 수 있는 고민이 있다면 미루지 말아야 한다. 예를 들어 인문고전 작품을 하나하나 이해하는 것보다 근본적으로 이게 왜 있어야 하는지, 왜 이게 없어지지 않고 백 년을 넘어서까지 계속 이렇게 있는 것인지 질문을 해야 한다. 그 질문이 바로 지혜를 쌓는 일이다.

샤를 단치가 말하지 않았는가. '독서는 어느 것에도 봉사하지 않는다고, 그래서 위대하다'고. 우리는 그래서 다시 질문을 이어가야 한다. 답을 얻기 위해서가 아니라 근본적인 문제의식을 만나기 위해서, 왜 우리가 살아야 하는지, 왜 모두 이렇게 살아가야 하는지, 그런 질문은 그 자체로 위대한 것이다. 그것이 어느 날 우리에게 어떤 날개를 달아줄지, 어떤 세상을 보여줄지 아무도 모르기 때문에, 카오스의 세계에 머물면서 문제의식을 떠나지 않아야 한다. 그 과정이 어느 날 어떤 지혜의 얼굴로 나타날지 아무도 모른다.

05

○

내가 멈춘 문장으로
독서록을 만들자

"대부분의 사람은 읽는 방법을 배우는 데 오랜 시간이 걸린다는 사실을 모른다. 나는 80년이 걸렸고, 지금도 완벽하다고 말할 수 없다."

– 괴테

세계적인 문호 괴테는 읽기의 어려움은 읽는 방법에 있다고 말한다. 독서는 눈으로 읽고 내용을 이해하는 것에서 그치지 않고 그보다 조금 더 나아가는 방법을 통해 숨겨진 내용을 알아내는 것이 진정한 독서라는 의미이다.

독서에 대한 괴테의 이야기는 유명하다. 우리에게 작품 『젊은 베르테르의 슬픔』, 『파우스트』 등을 남긴 괴테. 그는 세계적인 작가 반열에서 문학적 재능과 영감을 많은 독자에게 나눠주었으며, 자신의 독서 경험 또한 나눠주었다.

그가 대문호가 될 수 있었던 이유는 집안 환경과 관련하여 두 가지면에서 살펴볼 수 있다. 하나는 유년시절부터의 독서 환경이다. 그는 어렸을 때부터 아버지의 서재에서 즐겨 독서를 하며 지냈다. 아버지 서재에 꽂힌 책을 꺼내서 읽는 재미로 독서의 즐거움을 일찍부터 몸에 새겼다. 또 하나는 그에게 책을 읽어주는 어머니에게서 찾을 수 있다. 자녀들이 잠들 머리맡에서 책을 읽어주는 그의 어머니의 독서법은 남달랐다. 우리는 보통 드라마 등을 통해 아이가 잠들 무렵 책을 읽어주는 부모들을 종종 본다. 부모는 아이가 잠든 것을 확인하고는 책을 덮고 불을 끄고 아이 방에서 조용히 나간다.

그런데 괴테 어머니는 그 방법이 조금 달랐다. 책을 읽을 때마다 등장인물의 목소리를 창안하여 구어체로 읽었고 이야기가 절정에 이르면 그만 책을 덮었다. 어머니의 이야기에 귀를 쫑긋하던 아이들은 뒷이야기가 궁금하여 더 읽어달라고 보채지만, 어머니는 내일 읽어주겠다 하고는 불을 끄고 나가는 것이다.

그러면 아이들에게 무슨 일이 벌어질까. 아이들은 잠들기까지 주인공에게 일어난 사건이 어떻게 될지 궁금하여 스스로 상상하기도 하고 공상하기도 하는 등 여러 가지 방법을 동원하는 창의성을 발현시킨다. 그러다 잠이 들면 꿈속에서까지 작가가 되어 새로운 세계를 만들기도 한다.

괴테 어머니의 이 독서법은 정답을 요구하지 않는다. 멈춘 그 자리에서 다시 시작되는 세계를 선물하곤 하였다. 그 세계의 탐험자는 오롯이 자신이며 자신만의 세계라는 것을 일찌감치 깨닫게 되는 것이다. 여백, 빈자리를 선물할 줄 아는 지혜가 괴테를 만들었다 할 수 있다.

이런 영향으로 괴테는 자신만의 세계를 독창적으로 지을 줄 아는 작가가 되었다. 오늘 우리는 괴테의 독서법을 다시 새기면서 우리만의 독서록을 만드는 방법을 고민해보고자 한다.

괴테의 독서법과 나의 독서록

괴테는 다음 일곱 가지 독서법을 소개한다. 그의 독서법을 구체적으로 새기면서 이를 나만의 독서록으로 응용하는 방법을 창안해보자.

첫 번째, 가장 중요한 건 생각이다: 독서는 습관이 중요하다. 독서를 대하는 태도가 중요하다. 독서를 하면서 습관적으로 읽어 내려가는 기계적 독서를 하지는 않는지, 나의 독서습관을 점검할 필요가 있다. 문장을 자세히 읽어나가는 습관이 필요하다. 독서를 할 때 생각을 하면서 읽어나가길 괴테는 주문한다.

- 생각을 하면서 읽을 때, 다른 생각을 유발하는 곳이 우리가 멈추는 문장이다. 이때 멈춘 문장을 쓰고 왜 여기서 멈추게 되었는지 생각과 느낌을 독서 노트에 기록한다. 독서록은 즉물성을 지닐 때 생각이 휘발되지 않는다. 읽기와 쓰기의 병행은 독서의 내실을 다지게 한다.

두 번째, 때를 알아야 한다: 우리는 가을을 독서의 계절이라고 한다. 책 읽기에 좋은 조건이 갖춰지는 계절이다. 기온과 습도, 바람과 햇빛 등이 정서적 안정을 주기 때문이다. 독서를 할 때는 안정적인 조건이 필요하다. 바쁘고 힘든 일이 있을 때 하는 독서는 사색의 길을 열어주지 않는다. 휴식기나 휴가철 등 심리적 안정 상태에서 독서를 하면 사유의 흡입력도 강화된다. 독서의 때를 잘 살피는 것이 중요하다.

- 독서를 안정된 상태에서 할 때 독서를 통해 얻을 수 있는 생각의 넓이와 깊이도 달라진다. 이러한 자신만의 상태를 독서록으로 남기는 일이 중요하다. 그 어느 시기보다 침잠한 내면의 소리를 들을 수 있기 때문이다. 독서록은 단순히 내용을 요약하고 감상을 남기는 것이 아니다. 책을 읽고 난 다음 나의 내면에서 들리는 목소리를 잘 받아 적는 일이다.

세 번째, 먼저 원하는 것을 담을 수 있는 그릇이 되어야 한다: 그릇은 크기에 따라 차이가 있다. 그릇을 채우는 중요한 특징은 작가의 문체이다. 문체는 작가의 사상과 스케일을 반영한다. 독자 역시 자신의 그릇에 따라 독서를 할 수밖에 없다. 괴테는 말한다. '많은 사람이 위대한 고전을 읽지만, 자신이 원하는 만큼의 성장을 하지 못하는 이유는 바로 그릇 때문'이라고. 고전의 크기만큼 자신의 그릇을 키워야 한다는 것이다. 그 방법은 자기 긍정이다. 자기 긍정을 통해 얼마든지 그릇을 키울 수 있다.

– 자신의 그릇이 어떤 상태인지를 빠짐없이 기록하는 과정이 중요하다. 자기 긍정의 변화를 살펴보는 것 또한 중요하다. 이러한 변화로 나의 그릇이 커져감을 확인하는 일은 나의 성장을 확인하는 일이 된다. 자기 성장을 확인하는 일은 자기를 성찰하는 방법에 의해 가능하다.

네 번째, 백 번을 읽었다면, 백 번의 독후감을 쓴다: 괴테는 독서하는 삶을 강조하는 작가이다. 그는 "사람이란 무언가를 이루려면, 우선 무언가가 되어야 한다. 무언가 위대한 것을 이루려면, 그 전에 자신의 교양을 높이 쌓아야 하는 법이고, 그 길을 가는 데 가장 빠른 길이 바로 독서다."라고 강조한다. 책을 읽고 그 안에 숨겨진 수많은 의미를 캐내려면 독후감을 써야 한다. 백 번이라는 숫자는 수많은 반복적 읽기의 상징이다.

– 독서록은 수많은 의미들을 찾는 일에 가장 중요한 역할을 한다. 나의 생각이 어느 지점에서 어떻게 달라지는지 스스로 발견하는 기쁨은 수많은 광산을 발견하는 것과 같다.

다섯 번째, 빠르게 가지 말고, 멀리 돌아서 가라: 독서에서 가장 중요한 것은 선택과 집중이다. 그것이 독서의 기초이다. 기초를 든든히 다지는 것은 독서 생활을 알뜰하게 챙기는 일이 된다. 괴테는 자신의 경험을 제자와 그의 독자들과 나눈다. 하나의 독서에 선택과 집중을 다한 다음 다른 선택과 집중을 할 때 독서를 통해 얻을 수 있는 것이 많다는 것이다.

– 선택과 집중의 결과가 집약된 자료가 독서록이다. 사람은 호기심의 동물이기 때문에 집중을 하지 않을 경우가 많다. 독서록을 작성할 때에도 집중은 중요하다. 이런 유혹을 이겨내지 못하면 자신이 원하는 삶을 살아가기는 어렵다.

여섯 번째, 상상 멘토를 만들자: 상상 멘토는 내 안의 스승을 의미한다. 그것은 내 자신이 스스로 질문하고 답을 하는 과정에서 형성된다. 괴테는 인생을 살아가면서 어려운 일을 만났을 때 스스로 질문을 만들고 답을 구하는 대화법을 구상한다. 이는 책을 읽어나가면서 궁금한 점이 있을 때 스스로 묻고 답을 찾아가는 과정에서 비롯된 것이다. 이러한 상상의 멘토를 내 안에서 불러내 대화법을 구상하는 것은 사고력을 확장시키면서 문제 해결력을 키운다.

– 이 같은 과정을 자세히 기록하는 것이 중요하다. 독서록에 자세히 기록하다 보면, 인생의 어려운 일들이 더 이상 두렵지 않을 것이다. 어떠한 문제도 풀리지 않는 것은 없으니까.

일곱 번째, 내 눈에 온 마음을 담아라: 독서는 마음이 가장 중요하다.

사람을 만나고 헤어지는 일에도 마음이 큰 역할을 하고, 일의 성패 역시 마음의 자세에 의해 좌우된다. 마음은 늘 먼저이다. 독서를 할 때 마음의 자세는 인생 전부를 거는 자세로 임해야 한다. 마음을 다하는 것은 정신의 마음과 일체를 의미한다. 정신의 마음으로 독서의 길을 열 때, 그 길에 무엇이 있는지 잘 볼 수 있다.

— 독서록은 바로 이렇게 보이는 것을 기록하고, 보이는 것의 느낌을 적고, 느낌에 묻어나는 새로운 여운들을 담는다. 또한 보이지 않는 것에 대해서도 고민을 하는 특별한 칸을 만들면 좋다. 사유의 연상으로 의식의 차원을 달리할 수 있다.

내가 멈춘 곳에서 나는 성장한다

독서를 하다 보면 밑줄 긋는 부분이 나온다. 밑줄을 긋도록 움직이는 마음은 독서에 마음과 정신을 집중할 때이다. 나에게 적합한 독서법을 찾기 위해서는 먼저 제시된 방법을 내 것으로 삼아야 한다. 그것을 습관화한 연후에 나만의 독서법으로 나를 성장시키는 것이다.

독서를 하면 반드시 독서록을 만드는 것이 좋다. 독서록은 기차가 노선을 바꾸어 새로운 방향을 향해 가는 것처럼, 지금까지 지내온 시간들의 방향을 바꾸기 위한 기록이다. 독서 안에서 살아 숨 쉬는 이야기를 나의 이야기로 재탄생시키는 과정에서 우리는 살아가는 방법을 고안하게 된다.

괴테의 이야기처럼 우리가 인문고전 독서를 하고 싶은 열망이 있음에도 그 길이 잘 안 열리는 것은 바로 우리가 준비해 놓은 그릇이 너무 작기 때문일 것이다.

나는 독서록을 쓰는 요령이 따로 있다고 여기지 않는다. 선택과 집중의 항목처럼, 하나의 책에 집중하면서 마음을 다하고, 의문이 생기는 곳에서는 질문을 만들어 스스로 답을 찾는 과정을 몸으로 새기는 것이 독서록이다. 내가 멈춘 문장은 내가 풀어야 할 문제가 있는 곳이다. 내가 조금 더 생각해봐야 할 지점이다. 이 지점에 집중하고 고민하면서 대화법을 기록하는 일은 나의 문제를 스스로 해결하면서 가는 일이다.

06

○

독서의 열망을 깨우면,
성장의 문이 열린다

"사람이란 무언가를 이루려면, 우선 무언가가 되어야 한다. 무언가 위
대한 것을 이루려면, 그 전에 자신의 교양을 쌓아야 하는 법이고, 그 길
을 가는 데 가장 빠른 길이 바로 독서다."

– 괴테

괴테의 말을 새기면서 한 작가의 개인 글을 읽는다. 그가 20대 때 군에
서 제대하고 누나 집에서 한동안 지내던 때의 이야기다. 어느 날 하도 심
심해서 조카의 책장에서 세계명작을 하나하나 꺼내 읽기 시작했다. 읽다

보니 재미가 들어서 100여 권의 전집을 다 읽게 되었다. 며칠에 걸려 그 책을 모두 읽고 난 후, 그는 작가가 되겠다는 열망을 가지게 되었다. 그 이후 바로 습작에 들어갔다. 그리하여 문단에 데뷔를 하였고, 전문 작가의 길을 걷게 되었다는 글이다.

생각지도 않은 작가의 꿈을 스무 살이 지난 후에 찾게 되었다는 글을 보면서, 사람에게 운명을 가로지를 기회는 우연히 오는 것인지, 필연으로 준비되어 있는 것인지 궁금했다. 한 작가의 이야기를 표면으로만 볼 때는 우연이란 생각이 든다. 군에서 제대를 하고, 잠시 누나 집에서 지내게 되고, 눈앞에 있는 책을 보게 된 것들은 애초에 계획에 없던 일들이니까.

하지만 한편으로 생각해보면 '이 세상에 우연이라는 것이 과연 있을까' 하는 생각이 든다. 우연으로 보이는 일들도 가만 보면 그 일이 일어나야만 했던 필연의 이유를 가지고 있다. 한국의 젊은이가 되어 적정나이에 들면 누구나 군에 가야 하는 일도 필연이고, 고향집을 떠나 학교와 직장 문제를 고민하기 위해 도시에 살고 있는 누나 댁에 머무는 일도 필연이고, 하필 그가 머문 방이 조카의 방이고, 그 방에 세계명작전집이 놓여 있고, 그걸 읽었고, 재미가 있었고, 나도 작가가 되고 싶다는 열망을 하게 된 일들은 모두 필연의 과정이며 계획들 같다.

그러고 보면 필연과 우연이란 그저 종이 앞뒤면의 차이가 아닐까.

나는 운명론자는 아니다. 그래서 누구나 자신의 운명을 개척해 나가는 것이라는 생각을 가지고 있다. 개척의 순간은 어느 때 어느 형태로 오는지 누구도 모른다. 그래서 평소 할 수 있는 일을 하면서 살아야 한다. 좋아하는 일도 해보고, 도전하는 것도 멈추지 말고, 때론 좋아하지는 않지만 관심이 가는 일도 해보는 것이다.

사는 길이 너무 많아지고 있다

"오늘날의 학생은 직업을 자주 바꿀 것이고, 쓸모 있는 직업들은 급속도로 진화하고 있다. 그들의 경력은 50년 이상에 걸쳐 계속 될 것이고, 그들은 다양한 문화와 배경을 가진 사람들과 효율적으로 일을 해야 할 것이다. 폭넓은 지반의 교육이 최적의 준비다."

– 전 스탠퍼드대학 총장, 테서 라빈

라빈의 이야기는 젊음의 시간을 어떻게 써야 하는지를 고민하게 한다. 이미 우리 사회는 라빈의 이야기가 현실에 적용되고 있다는 걸 알고 있다. 정년이 보장되지 않는 직장생활, 하나의 기술만으로는 살아가기 힘든 삶의 방식으로 우리는 이미 변화 한가운데 있다. 또한 글로벌 사회의 일반화 현상도 이에 한몫하고 있다. 다국적의 외국인들을 만나야 하고, 소통해야 하고, 협업해야 한다. 이러한 현실에 대응하기 위한 전략이 폭넓은 지반을 다지는 교육이라면, 이 주장을 뒷받침할 수 있는 전략의 최고는 독서가 되겠다.

독서는 책을 읽는 행위만을 요하지 않는다. 독서를 하는 일은 자신이 좋아하는 일과 해야 할 일의 기준을 스스로 세우며 의지를 굳건히 하는 일이다. 그 시간은 삶의 열망으로 확장되는 마음의 넓이와 정신의 깊이에 관여한다.

그렇다면 열망을 깨우는 일은 왜 중요한 걸까. 우리는 독서의 과정에서 작가가 창작해놓은 세계와 만나게 된다. 그것은 접속이다. 인터넷을 접속하듯, 다른 세계로 무한정 뻗어나갈 수 있는 미지와의 접속이다. 그러니까 접속으로 나는 이제 세계와의 관계를 맺기 시작한 것이다. 내가 없으면 세계가 없고, 세계가 없으면 내가 없게 되는 구조를 만들어 가는 것이다.

그 세계는 한 번도 경험하지 않은 비밀의 영지이다. 알 것 같으면서도 알 수 없는 심연이다. 그러니까 미지로의 접속은 내가 알고 있던 지식을 의심하게 한다. 내가 옳다고 여겼던 세계의 정의가 알고 보니 옳지 않았다는 것을 알게 되는 식견을 갖추게 한다. 의심과 발견은 이전의 생활과는 차원이 다른 세계를 보여준다. 인식의 전환이 일어나기 때문이다. 이제껏 보이지 않던 세계의 틈과 균열을 발견하게 될 때, 이성적 사고력도 달라질 수밖에 없다. 접속을 감행하는 순간 우리는 이미 다른 사람이 되어 있는 것이다.

독서의 열망은 어떻게 깨어나는가

독서를 하는 일은 시간을 거슬러 올라가 앞선 세대의 경험과 간접적으로 동행하는 일이다. 지금, 현재가 지나면 과거가 된다. 앞선 세대는 처음부터 기성세대가 아니다. 먼저 살던 사람은 언제나 나중 산 사람에 의해 미리 산 자가 된다. 이것은 흐름이다. 흐름을 잘 관찰하는 순리를 이해하면서 현재를 바라볼 때 우리는 그 안에서 지혜를 발견하게 된다.

장마가 올 때 하천이 범람하지 않도록 예비하는 방법은, 위와 아래의 장애물을 미리 살피고 다듬어서, 수로를 넓게 한 다음 물의 흐름을 유연하게 하는 것이다. 아래 하천을 아무리 잘 다듬어놓아도 위에서 문제가 있으면 반드시 아래에는 더 큰 문제가 생긴다. 마찬가지로 우리의 현재를 잘 알기 위해서는 선조들의 삶과 경험과 생각들을 잘 살펴야 한다. 그 안에서 삶의 지혜를 배우고 익혀야 한다. 지식과 지혜가 융합할 때 우리는 지금보다 나은 내일을 어떻게 준비해야 하는지 알 수 있다.

독서에 대한 중요성은 동서고금이 서로 다르지 않다. 어느 시대 어느 나라나 인간이 시대를 이끌고 간다. 인간만이 시대의 진전을 꾀할 수 있다. 그러면서 동양은 동양의 고유방식이 있고, 서양은 서양의 고유방식이 있음을 인정하게 된다. 요즘처럼 세계가 하루 생활권인 경우에는 특히 나의 문화 외 타인의 문화에도 관심을 가져야 한다. 타인의 역사와 흐름을 아는 것이야말로 성장의 문을 열게 하는 능력을 탑재하는 일이다. 동서고금의 삶의 방식과 고유성을 탐색하고 그 세계를 자유롭게 유영할 때, 우리는 비로소 지혜로운 자가 되는 것이다.

이같이 독서에 대한 이해는 읽기의 차원이 아니라 삶의 차원이다. 나라와 시대의 경계를 허물고 우주와 우주의 교감을 나누는 일이기도 하다.

우리 삶은 매우 불확정적이다. 결정된 것은 아무 것도 없다. 이루어가는 과정만 있을 뿐이다. 무엇을 할 것인지, 무엇을 할 수 있는지에 대한 가능성만이 있는 것이다. 지금 안 된다고 지금 안 보인다고 나는 안 된다는 부정적인 마음을 가질 필요가 없다. 사람마다 때와 시기는 모두 다르니까. 다만 확실한 건, 우리는 우리는 의식적으로 책을 읽고 또 읽기를 지속해야 한다는 점이다. 스스로 깨어나는 삶의 규칙을 만들어 날마다 지켜나가야 한다. 독서의 열망이 깨어나면 삶의 열정도 깨어난다.

누구나 열망하는 삶이 있다. 매스컴을 통해 주목받는 젊은이들은 자신이 열망하는 삶을 살아가기 위해 스스로 인생을 설계하고 이를 실천하는 이들이다. 그들은 모두 원하는 삶을 얻기 위해, 절제하는 삶과 계획하고 실천하는 삶을 어떻게 실행하고 있는지 구체적으로 보여준다.

절제하는 삶을 위한 기준은 각자 다르다. 시간을 효율적으로 쓰는 것만이 내 삶을 살린다는 모토에 따라 자신에게 가장 유리한 방법으로 채택한 것이다. 지금 안 해도 괜찮은 것을 하지 않고, 내가 하지 않아도 되는 것은 하지 않고, 지금 하지 않으면 안 되는 일은 정확히 판단하여 효율적인 삶을 위한 방법을 과감하게 선택하는 것이다. 시간을 배분하여 사용할 줄 아는 태도는 내실 있는 생활을 할 수 있다는 뜻이기도 하다.

이 같은 절제와 계획을 독서에 적용하고 있는가. 독서를 위한 나만의 방법은 있는가. 나는 독자들이 이러한 물음을 스스로 거듭하길 바란다. 생각이 어떻게 만들어지는지 스스로 확인하게 된다면 지금 해야 할 일도 보일 것이다. 고정된 관념을 버리게 되고, 기존 질서에서 벗어나 새로운 생각을 탄생시킬 수 있다. 독서 즉 인문고전 독서는 인간의 고뇌와 고통을 이해하는 관문이니까. 그 관문을 통해 우리는 인간의 가치를 새로 발견하고 재해석할 수 있을 것이다.

생각이 탄생하는 곳에서 만나게 될 세계는 그 길을 가본 사람만이 알 수 있다. 우리에게 들려오는 성공의 후일담은 모두 이 경로의 결과이자 실체이다. 앞서 소개한 작가의 경우도 독서의 열망을 통해 작가의 길을 찾아갔다. 작가가 되기로 결심한 후 그 열망으로 날마다 쓰고 읽기를 멈추지 않았다.

절제와 계획과 실천이 한 몸이 되는 근원은 독서의 열망을 멈추지 않을 때 가능하다. 그러니 열망하자. 독서의 열망으로 삶의 열정을 깨우자. 독서의 열망은 인간 삶의 전망을 밝히는 전위이다.

07

○

지상에서 가장 아름다운 스승을
만나는 하루 50분

초등학교(당시 국민학교) 5학년 때 내 담임 선생님은 별명이 고슴도치였다. 머리카락이 위로 뻗치는 모양새라 친구들이 붙인 별칭이다. 선생님도 은근히 그걸 알고 있는 눈치였지만 한 번도 우리에게 눈을 부라린 적은 없다.

그 선생님은 우리들의 영웅이었다.

나는 벽촌에 가까운 시골에서 초등학교를 다녔다. 학교생활은 언제나 똑같았고, 선생님들의 가르침 역시 늘 변함이 없었다. 그렇게 고학년이 되었을 때, 우리 학교로 새로 부임한 선생님이 우리 담임이 되셨다. 선생님은 '여러분을 만나 반갑다'며 '잘 지내보자'라면서 우리에게 허리 숙여 인사를 하셨다. 어린 학생에게 허리까지 숙이는 선생님을 보고 우리는 마냥 웃었다.

첫 수업은 읽기 시간이었다. 선생님은 우리에게 질문을 던지셨다. "안중근 선생에 대해 이야기 해볼 사람?", "이상한 나라의 앨리스에 대해서 이야기 해볼 사람?"… 선생님의 느닷없는 질문에 우리는 모두 얼어붙었다. 안중근 선생은 독립운동을 했다는 것 외에는 더 이상 할 말이 없어서, 호기로운 친구들도 입을 다물고 있었다. 당시 우리는 '이상한 나라의 앨리스'가 무엇인지 전혀 모르는 촌놈이었기 때문에 더욱 말문이 막혔다. 아무 답이 없는 것을 잠시 지켜보던 선생님은 별 다른 말씀 없이 수업 진도를 나갔다. 우리는 다시 예전처럼 시끄러운 학생으로 돌아갔다.

한 주가 지나고 월요일에 교실에 들어갔을 때 우리는 깜짝 놀랐다. 교실 한 쪽에 낮은 책장이 들어서 있고 책상과 의자의 위치는 모두 바뀌어 있었다. 선생님은 독서를 하지 않는 우리의 생활을 알아보시고는 집에 있는 어린이 책을 모두 짊어지고 학교로 오신 거였다. 그 이후 우리는 매일 한 시간씩 책 읽기를 했다. 그때 읽은 세계명작 동화, 전래동화, 단편 동화들은 아주 어릴 적 읽었던 몇 편의 동화들과는 차원이 다른 이야기였다.

우리는 고슴도치 선생님 덕분에 독서의 즐거움을 알게 되었다. 호박이 마차가 되는 순간의 마법처럼, 앨리스가 동굴에 빨려 들어가 만난 환상의 세계처럼, 그 안에서 만나는 신기한 세상들은 지금껏 경험하지 못한 낯선 세계였다. 그때 나는 세계가 넓고 다양하며 또 어떤 것은 환상으로 이루어졌다는 것을 처음으로 알게 되었다. 선생님은 책을 읽고 나면 과자를 나눠 주기도 했다. 시골학교 생활 동안 맛보지 못한 새로운 재미에 우리는 학교 가는 길이 즐거웠고 선생님과 함께하는 시간이 좋았다.

때를 챙기듯 독서의 시간을 챙기자

"나는 평일에는 매일 1시간, 주말에는 3~4시간의 독서시간을 가지려 노력한다. 이런 독서가 나의 안목을 넓혔다."

— 빌 게이츠

그때 그 경험으로 나는 독서하는 일을 특별한 것으로 생각하지 않게 되었다. 하지만 이상했다. 유명인들은 자신의 독서에 대한 이야기를 많이 한다. 특히 자기만의 독서를 위한 시간을 귀하게 여긴다고도 밝힌다. 빌 게이츠만 보더라도 호기롭게 이야기하지 않는가. 날마다 독서를 위한 시간을 마련한다고. 기업을 이끌어가는 일은 분과 초를 나누어서 사용해도 모자란다고 하는데, 그렇게 바쁜 날들을 보내면서 어떻게 매일, 그리고 주말에는 더욱 많은 시간을 독서만을 위해 내놓을 수 있는 걸까? 하는 생각을 하면서 나는 왜 굳이 독서시간을 밝히는 건지 그것이 늘 궁금했다.

하지만 지금은 알 것 같다. 누군가 어떤 말을 자주 강조하면, 일반적으로 그러한 행위를 하지 않기 때문이었다. 이를테면 사회가 '효도'를 강조할 때는, '효도'를 잘하지 않기 때문이라는 것이다. 그런 것을 보면, 독서는 우리가 꼭 해야 할 일임에도 잘 하지 않는 일이었다. 우리가 모르는 어떤 것을, 독서에서 특별히 찾아내고 그것으로 세계의 리더가 되어 있는 이들을 목격하기도하지만, 그것을 남의 일처럼 여기는 것이 보통이다.

빌 게이츠가 즐겨 읽는 것은 인문고전이다. 그의 평전이나 인터뷰에서 그는 인문고전 읽기를 늘 강조하고 있다. 그의 말을 잘 새겨보면, 그는 읽는 것을 권장한다. 독서 행위의 중요성을 강조한다. 독서만을 위한 시간을 마련할 정도로 읽는 일이 그렇게 중요하다고 이야기한다. 그는 읽으면서 이야기를 따라 가면서 배움에 대한 열망을 멈추지 않는다. 바로 이 부분이다. 배움에 대한 열망과 열정. 그것은 독서는 곧 스승이라는 명제인 것이다.

빌 게이츠의 독서는 스승을 만나는 시간이다. 스승이란 어떤 존재인가, 경험과 지혜로 삶을 통찰하는 사람이 아닌가. 그러니 스승을 만나는 시간은 억만금의 돈으로도 바꿀 수 없는 것이다. 스승에게 듣고 배우고 새기는 것들은 돈으로 환치할 수 없는 가치가 있는 것이다.

그의 독서가 스승을 만나는 행위라면, 독서의 시제는 현재가 된다. 인문고전 독서를 하는 동안 1백 년 전, 5천 년 전, 또는 2만 년 전이라는 시간은 아무 의미가 없다. 그 시간들은 숫자에 불과하다. 독서의 시간이 현재이듯 그들과 만나 대화를 하는 것도 현재형이다. 그러니 그 대화는 우리의 현실에 대한 이야기이며, 현재 끌어안고 있는 문제에 대한 고뇌이다. 그런 문제의식을 가지고 스승을 만나 조용히 대화를 하다 보면, 문제가 해결되는 어떤 실마리가 인문고전 독서에 있다는 것을 빌 게이츠는 알고 있었던 것이다. 독서는 알고자 하는 이에게 행간 속의 비밀을 보여준다. 그 비밀을 숨기고 있는 스승은 정성이 다하는 순간에 나타나 그의 목소리를 들려준다.

우리가 흔히 알고 있는 나무꾼의 이야기가 있지 않은가. 나무꾼이 나무를 하다 도끼를 연못에 빠뜨려 망연자실할 때, 신령이 나타나 그의 마음을 떠보는 것을 보면 알 수 있다. 사람의 마음은 절실하게 그리고 순수하고 애절하게 자신의 열망과 열정을 따를 때 원하는 것을 얻을 수 있는 법이다.

그러니 독서를 하는 일이 스승을 만나는 일이 아닐 수 없다. 만남과 접속의 과정에서 새로운 시각, 다른 세계를 발견하고, 또 이전에는 없었던 방안을 창조해내는 능력도 지니게 되지 않을까. 이러한 독서는 지식을 전유하고자 하는 이들만이 하는 것은 아니다. 독서는 어느 특정한 사람만이 하는 것이 아니다. 인문고전 속의 인물들이 지닌 빛나는 사유와 감각을 재발견하는 일은 독서를 하고자 하는 모든 이에게, 특히 인생의 새로운 출발을 한 20대에게 활짝 열린 문이다. 마음의 진정한 스승을 모시고 사는 삶은 얼마나 든든한가.

스승은 항상 우리에게 혜안을 나눠주고 싶어 한다. 스승의 혜안을 내 것으로 온전히 받아 안을 줄 알게 되기까지 독서를 지속하는 것이 중요하다. 세계는 그렇게 호락호락하지 않다. 나의 힘만으로 나의 지혜만으로 그 세계를 뚫고 나가는 일은 불가능하다. 따라서 스승이 우리에게 자신의 것을 나눠주려고 욕심을 내고 있다는 점을 받아들이고 우리는 조용히 그 책의 목소리에 귀를 기울여야 한다.

20대는 스승을 만나기 딱 좋은 시간

20대는 성장의 시간이다. 육체의 성장도 중요하지만, 정신적 성장과 육체적 성장이 서로 균형을 이뤄 건강한 성장을 유지하는 것이 가장 중요하다. "고전은 스스로 읽어나가는 기획, 즉 하루에 일정 시간 동안 앉아서 책 한 권을 읽는 행위는 업적과 성과만으로 우리의 가치를 재는 세상에 맞서는 저항의 행위"라고 수잔 와이즈 바우어가 『독서의 즐거움』에서 밝힌 이 이야기는 20대가 새겨 읽을 문장이다.

20대는 모든 가능성의 시기이면서 동시에 세상의 불의와 불평등에 즉물적으로 저항할 수 있는 순수의 시기이다. 이 시기에 독서를 통해 스승을 만나는 일은 삶의 피뢰침을 내면에 설치하는 일과 같다. 세상의 부조리함과 부정부패에 맞서고, 비민주적인 정치행태에 저항하면서 민주화를 쟁취한 우리의 현재는 기성세대가 20대에 이룬 쾌거이다. 그것이 가능했던 이유는 그 선배들이 좋은 세상에서 잘 살고 싶은 마음의 실체를, 책을 통해 스승과 만나 대화하면서 깨달았기 때문이다.

그러니 일부러라도 독서를 통해 스승을 만나는 시간을 마련하는 일은 중요하다. 독서를 하는 일이 습관이 되어 있지 않다면, 의도적으로 그 시간을 만들어 그것을 지키려는 노력을 해야 한다. 우리가 만날 스승은 시대를 가로질러 우리에게 달려오는 인문고전 속에 다 있다. 하루 50분. 성인이 집중하기에 좋은 시간으로 시작해보는 것은 어떨까. 사람은 늘 진보를 꿈꾼다. 세상이 진일보하는 일은 독서를 통해 지성을 갖춘 이들과 함께할 때 온전히 빛을 낼 수 있다. 현실이 팍팍하다고 해도, 일상에 치이고 매몰된다 해도, 우리의 감각과 사고를 일깨우는 독서는 멈출 수 없는 것이다. 그것이 우리 안의 잠재력을 깨우고 상상력과 창의력을 복원시키는 촉매이다.

나는 지금도 고슴도치 선생님을 생각하면 마음이 따뜻해진다. 선생님은 자신의 본집에 있는 책들을 모조리 싸 짊어지고 오면서 무슨 생각을 했을까. 촌놈들의 얼굴을 하나하나 더듬으며 그들에게 좋은 스승을 소개하고 싶었던 그 마음을 나는 헤아릴 수 없다. 하지만 그 마음이 흥분되고 즐거웠으리라 짐작을 한다.

세상은 언제나 바쁘게 돌아간다. 나도 이제 세상의 질서와 한 편이 되어 세상이라는 바퀴를 굴리고 있다. 어쩌면 관습적으로 돌리는 바람에 보살펴야 할 주변을 소홀하게 대하면서 지내고 있는 것은 아닌지 돌아본다. 언제나 진리인 독서의 시간을 통해 스승과의 대화를 멈추지 않는다면, 우리에게 내일은 있을 것이다.

08

○

독서의 영향력이 어디서 끝나는지는
아무도 모른다

굳이 유적지가 아니어도 우리 주변에는 돌로 만든 형상물이 많다. 그 형상물을 어릴 적부터 보며 자라서 그런지, 그것이 내게 관심 대상이 되지는 않았다. 무의식중에 그것들이 원래 저 자리에 있던 것이라는 생각을 하였다. 그런데 그게 그렇지 않다는 것을 알게 되는 계기가 있었다. 고등학교 때 친구가 사는 동네에서였다.

그날 친구 4명과 나는 친구 집에 가서 생물 모둠 숙제를 하기로 했다. 친구의 아버지가 선생님이라 집에 자료가 많다는 이야기를 듣고 방과 후 그 집에 가기로 한 것이다. 학교 앞에서 버스를 타고 가면 서너 정거장 거리쯤에 친구네 집이 있었다. 주택이 밀집해 있는 동네였다. 읍 단위의 동네지만 가까이 낮은 산과 밭들도 보였다. 친구네 집은 낮은 담장과 그 아래에 봉숭아와 분꽃들이 소복 피어 있어 매우 정겨웠다.

우리는 와자하게 그 집으로 들어섰다. 그런데 대문을 막 들어서고 있을 때 어디선가 탕, 탕, 탕하는 소리가 들렸다. 우리는 모두 걸음을 멈추고 놀란 표정으로 친구를 바라보았다. 그러자 친구는 "아, 아무것도 아니야, 돌 깨는 소리야, 오늘 일하나 보네, 신경 꺼." 하고는 대수롭지 않게 여기고는 안으로 들어갔다. 집에는 할머니가 계시고 다른 분은 안 계셨다. 우리는 집 안까지 들리는 돌 깨는 소리에 무언가 부서지고 무너지는 듯한 불안을 느끼고 있었다.

우리는 집중을 하지 못했다. 낯선 환경에 한참 예민해 있을 때이기도 했지만, 저 소리는 왠지 산을 때리는 소리 같기도 해서 그 울림이 점점 신경쓰였다.

친구는 아버지 서재에서 많은 책을 가지고 와서는 '자료가 이렇게 많다'며 뿌듯한 표정을 지었다. 우리는 고개만 끄덕이면서 친구가 말하는 책들을 보는 둥 마는 둥 했다. 사실은 돌 깨는 소리가 너무 커서 친구의 목소리가 잘 들리지 않았다. 친구는 소리 따위는 신경 쓰이지 않는다는 듯 음료수도 내어오고 빵도 내어오기에 바빴다. 하지만 시간이 지나도 진정하지 못하는 우리를 보고는 "야, 우리 석주장이 보러 갈까?"라며 운동화를 신고 앞장서 나갔다.

그렇게 해서 돌덩이가 여기저기 덩그러니 쌓여 있는 곳을 보게 되었다. 그곳에서 우리는 세상 신기한 물건을 대하듯 울퉁불퉁하고 크고 허연 돌을 마냥 바라보았다.

석수장이와 친구는 서로 인사를 했다. 친구는 우리를 소개했다. 집채만 한 모양도 없는 돌이 저 석수장이의 끌에 의해 부처님도 되고 탑도 되고 무엇이든 된다고 한다. 우리가 유적지나 절에 갈 때 보았던 돌부처나 돌탑 등은 모두 석수장이의 손에 의해 만들어진 것이라고 하니, 놀랍고 놀라웠다.

석수장이는 돌덩이를 가만 바라보다가 돌의 사방에 귀를 갖다 댄다고 한다. 그러면 돌 속에서 어느 목소리가 들린다고 한다. 그 목소리를 따라 돌을 깨고 갈고 닦다 보면 어느 사이 돌 속에 있던 목소리의 주인공이 제 모습을 드러낸다고 한다. 돌 속에 갇힌 세계가 열리는 것이다. 어느 때는 그것이 탑이 되기도 하고, 돌부처가 되기도 한다는 것이다. 그러면서 석수장이는 "니들도 돌이여, 지금 이 돌과 맨 똑 같어, 지금은 니들 안에 무엇이 있는지 아무도 모르지."라면서 누구에겐지 모를 말씀을 하면서 뒤를 흐렸다.

내가 오르내리는 돌계단, 건너다니는 돌다리, 사는 집의 돌기둥들 모두 석수장이가 돌 속에 갇힌 생명들을 꺼내서 이 세상으로 살려 보낸 것들이라는 말에 우리는 재미도 있고 신기하기도 해서 날 저무는 줄 모르고 있었다. 정작 하려던 숙제는 친구에게 몰빵하고 우리는 각자 만난 신비를 끌어안고 집으로 돌아왔다.

내가 있어서 바꿀 수 있는 세상

"오늘 내가 죽어도 세상은 바뀌지 않는다. 하지만 내가 살아 있는 한 세상은 바꿀 수 있다."

— 아리스토텔레스

석수장이는 날마다 세상을 바꾸는 사람이다. 돌 속에서 새 생명을 꺼내주고 탄생시키는 사람이다. 석수장이가 듣는 돌 속 목소리는 기실 그의 마음의 소리일 것이다. 그 모습은 정해져 있지 않고 늘 가변적이다. 그 마음은 넓은 운동장 안에서 치르는 운동경기가 끝나고 난 다음에 들리는 소리일 것이다. 탑의 모양이 서로 다를 수밖에 없는 이유이다. 귀 기울이는 마음과 돌은 잠재의 세계다.

나는 '돌'을 무생물이라고 여기며 살아왔다. 그런데 그것은 생물이었다.

나는 이와 유사한 것으로 '책'을 생각했다. 석수장이가 말한 돌은 사춘기의 우리 자신을 가리켰을 것이다. 우리는 찰흙과 같은 시간 속에 있어서, 그것으로 무엇을 만들고 어떻게 만들지 모른다. 그것을 만드는 이는 바로 우리 자신이니까. 그렇다면 우리 자신이 무엇인가를 만들고 또 만들 수 있도록 들려주는 목소리의 주인공은 무엇일까. 나는 그것이 책 속에 있다는 생각이다.

책은 종이를 묶어 만든 무생물이다. 그것이 생물로 변하는 순간은 그것의 목소리를 듣고 그 형상을 캐낼 때 찾아온다. 석수장이와 같이 책 속에서 들리는 목소리를 듣고 그 목소리를 캐낼 때, 책은 비로소 생물이 될 것이다.

혹자는 물을 것이다. 석수장이는 현물로 만든 물건으로 증명이 되지만, 책을 읽고 난 뒤 효과는 증명할 수 없다고. 맞는 말이다. 사람은 무엇으로 책 속의 목소리를 실체화할 수 있을까. 우리는 사실 그 답을 알고 있다. 워런 버핏, 빌 게이츠, 스티브 잡스 등이 그 목소리의 형상물이라는 것을.

정약용은 책과 벗하며 책을 통해 세계의 원리를 깨우친 사람이다. 그는 유배지에서도 많은 사람들에게 책을 읽게 하였다. 당시 공부는 책을 읽는 것이었으니, 책 속에 숨겨진 목소리, 즉 지혜를 세상 밖으로 끄집어내는 일을 하였던 셈이다. 그는 강진에서 유배 생활을 하던 중 평생의 제자인 '황상'을 만난다. 당시 어린아이였던 황상은 자신이 둔하고 앞뒤가 막힌 사람이라고 소개하면서 자신도 공부를 할 수 있는지 여쭙는다. 만일 공부를 할 수 없는 사람이라면 농사를 지으며 살겠다는 것이다.

그러자 정약용이 황상에게 삼근계를 알려준다. 첫째, 민첩해서 금방 외우는 것을 경계하는 일이다. 당시 황상은 민첩하지 못해 외우는 것을 잘 못했는데, 책을 잘 보기 위해서는 그것이 좋은 습관이라고 이야기한 것이다. 두 번째는, 예리하게 글을 잘 짓는 것을 경계하는 일이다. 글을 잘 쓴다는 것은 필요한 말을 잘 고르는 일이지만, 정작 글을 쓰는 사람은 생각할 겨를이 없으니 글에 깊이와 진중함이 부족하다는 것이다. 세 번째는, 깨달음이 빠른 것을 경계하는 일이다. 한 번 보고 이해가 되면 다시 생각해보는 습관을 갖기가 힘들다. 공부를 하는 일은 깊이 파고들어가야 하는 일인데, 이해가 빠르게 되면 책을 다시 들춰보지는 않는다는 것이다.

이 삼근계는 시골 소년 황상에게 평생의 가르침이 되었다. 그는 글을 쓰고 공부를 하는 일에 소홀하지 않아, 추사 김정희의 칭찬을 들을 정도의 경지에 이르렀다. 단지 세 가지를 경계하라는 읽기의 방법으로 시대의 문인이 되어 『치원유고』라는 시집을 남겼다. 책을 대하는 자세가 천년의 유산으로 남은 것이다. 황상은 나이 70살이 넘어서도 독서와 초서를 멈추지 않았다.

당시 황상이 독서를 하지 않았다면, 그는 평범한 삶을 살았을지 모른다. 그는 스스로 배움의 열망을 가지고 독서에 임했다. 독서가 아니라면 그의 인생은 바꿀 수 없었을 것이다. 독서를 하면서 그 세계의 목소리를 들으면서 사는 삶이 어떠한 미래를 밝힐지 아무도 모른다. 황상이 귀를 기울이고, 자신을 경계하면서 독서를 하여, 한 시대를 풍미하는 문인으로 살 줄 그도 몰랐을 것이다.

독서는 영향력이 선하다 그리고 막강하다

친구에게 전화가 왔다. 우리 아이가 원하는 곳에 취업을 했다며, 식사 한번 하자는 소식이었다. 친구가 슬퍼하면서 전화했던 날이 기억난다. 친구는 오랫동안 아이가 공부에 취미가 없다는 것을 알고 속상해 했다. 나는 그때 공부보다는 책을 읽혀볼 것을 권했다. 어린이 도서 서비스를 이용하면 분명 그 아이에게도 도움이 될 거라 생각했기 때문이다.

친구는 내 이야기를 듣고 일주일에 한 번씩 배달 오는 도서 서비스를 바로 신청했다. 되도록 아이가 좋아하는 내용이 들어 있는 책을 서비스 받길 원한다는 조건을 내세웠다. 처음 책이 왔을 때 아이는 거들떠보지도 않았다. 친구는 아이에게 강요하지 않고, 직접 큰 소리로 읽기를 거듭했다. 스스로 호들갑을 떨면서 아이를 현혹한 셈이다. 책에 대해 관심이 없던 아이가 조금씩 궁금해 하면서 가까이 왔을 때 친구는 친절하게 그 내용을 들려주었다.

그러던 어느 날 아이가 소리소문 없이 책을 읽기 시작했다. 밖에 나가서 놀거나 게임을 즐겨하던 아이가 방에 앉아, 소파에 앉아, 침대에 앉아 책을 읽기 시작했다. 아이는 기억하는 것을 어려워하지 않았고, 집중하는 일을 자연스럽게 터득했다. 그러는 중에 자연스럽게 사용하는 어휘력의 증가로 표현력이 좋아져서 대화와 토론을 즐겨하였다. 그러한 결과물들은 결국 이해력을 향상시켜 학업에 재미를 느끼게 되었다. 자신이 하고자 하는 일과 해야 할 일을 결정할 때에도 바른 판단을 하기 위해 심사숙고하는 진지함도 갖추었다.

친구는 말끝마다 네 말 듣기를 잘했다고 하지만, 그것은 독서가 한 일이다. 석수장이의 마음과 돌 속에 갇힌 목소리가 조응할 때 돌의 형상은

만들어진다. 아무 형체도 없고 딱딱한 무생물의 시간은 관찰과 탐구의

마음으로 인해 생물로 거듭날 수 있다. 그 모습은 누구도 상상하지 못하

고 누구도 알 수 없다. 우리가 독서를 생활화해야 하는 이유가 여기에 있

다.

09

○

자신감보다 더 중요한 가치는
'나' 자신이 되는 것

아메리카 인디언의 지혜가 담긴 책이, 우리말로 번역되어 소개되고부터 친구들은 자기의 생활 태도를 돌아보고 이를 내 삶으로 반영하는 일에 관심을 가지기 시작하였다. 그 책의 주요 내용은 사람을 부정적으로 대하면 부정적인 사람이 되고, 긍정적으로 대하면 긍정적인 사람이 된다는 생활 태도의 인과에 대한 가르침이었다. 일상 속에 적용하기에도 좋은 문장으로 구성되어 있고, 그 지혜가 전하는 메시지도 명징하여 이를 주변 사람들에게 소개하는 모습도 자주 볼 수 있었다.

그 유행이 생활의 행동양식을 모두 바꾸어놓았다고 할 수는 없다. 하지만 그 문장을 본 사람들은 자신의 모습을 돌아보고, 자신이 하는 말의 습관을 점검하게 된다. 한 번 인상 깊게 본 문장은 나뭇가지를 흔드는 바람처럼 다양한 방향으로 영향을 끼친다. 문장을 읽을 땐 뇌가 움직이면서 지각 활동도 같이 한다. 인디언의 지혜 자체가 '관대함 속에서 자란 사람은 자신감을 배운다.'는 식의 구조로 되어 있어서 스스로 관대하게 살고자 하는 다짐을 하는 것이다.

어떤 지혜의 책이든, 그것은 삶의 자세에 올바름을 향한다. 많은 사람들이 젊은이들에게 주문하는 '자신감'도 마찬가지다. 자신감은 세상을 살아가는 데 질 좋은 무기 역할을 한다. 그런데 현대사회는 학벌 문제, 경제 문제, 외국어 구사 문제, 외모 문제 등이 성공을 위한 조건으로 인식되는 면이 있다. 이런 환경에서 자신을 있는 그대로 인정하고 어디에서든 당당하게 살아가는 일은 그리 쉬운 이야기는 아니다. 그렇기 때문에 외적조건에 굴하지 않고 당당하게 자신감 있게 살아가기 위해 나름 올바른 방향을 제시할 무엇이 필요하다.

나를 믿어주는 사람이 곁에 있는가

실제 자신감을 갖는 일은 중요하다.

내가 중학교 다닐 때 우리 집에 두발자전거가 있었다. 나는 세발자전거를 탄 기억은 없다. 그러니까 중학생이 되어 처음으로 자전거를 타보게 된 것이다. 작은삼촌이 나의 첫 도전을 도와주었다. 처음 안장에 앉았을 때 나는 깜짝 놀랐다. 지상에서 겨우 몇 센티미터 올라와 앉은 자리인데, 그 높이에서 보는 느낌과 풍경은 바닥에 발을 딛고 보는 것과는 천지 차이였다. 놀라고 어지러워서 안장에 올라가서 오래 버티지 못했다.

그때 삼촌이 말했다. "걱정하지 마, 내가 뒤에서 다 잡고 있으니까, 삼촌만 믿어." 나는 그 말에 용기를 내어 안장에 앉을 수 있었다. 그리고 페달을 밟았다. 핸들이 이리저리 흔들리다 넘어지기를 수십 번. 그때마다 창피해서 울지는 않았지만 온몸이 너무 아팠다. 삼촌이 '처음엔 다들 그렇게 넘어지는 거란다. 그래도 나는 너를 믿는다'고 위로했지만 통증이 가라앉지는 않았다. 나는 그렇게 며칠에 걸쳐 연습을 했고, 드디어 혼자 두 발 자전거를 탈 수 있게 되었다.

자전거가 넘어지지 않고 바깥마당을 돌기 시작할 때 나는 '어, 어, 어.' 하는 소리를 절로 냈다. 신기하면서도 겁이 났던 거였다. 하지만 한편으론 뒤에서 삼촌이 나를 믿고 있다는 생각에 용기를 내어 내친김에 큰길까지 달렸다. 점점 속도가 빨라지는 것에 놀라서 브레이크도 잡지 못하고는 그대로 고꾸라지고 말았지만. 삼촌과 가족들이 저 멀리서 달려오던 모습이 아직도 선명하다.

나는 그때, 나도 이제 자전거를 혼자 탈 수 있다는 자신감의 환희를 맛보았다. 나는 자신감을 얻어 자전거를 타고 학교를 다녔다. 넘어지고 무릎 깨지는 일도 많았지만, 그것을 훈장처럼 여겼다. 뒤에서 버텨주고 있는 삼촌이 준 믿음과 '괜찮다, 할 수 있다'는 응원이 페달을 밟고 균형을 잡으며 앞으로 나아가는 환희 속으로 나를 밀어 넣은 것이다. 또한 내가 자전거를 타야겠다는 마음의 열정과 꼭 타고 말겠다는 간절함이, 도전을 두려워하지 않는 마음을 갖게 하였다.

누군가를 믿어주고, 자기 자신을 또한 믿고, 이러한 믿음으로 새로운 세상으로 나아가는 일은 매우 기쁘고 감사한 일이다.

자신감은 타인을 통해 자기 자신으로 인정받는 일이다. 또 사회 속에서 온전히 자신의 존재가치를 정립하는 일이다. 어떤 목적을 향해 도전하는 사람들은 의식적이든 무의식적이든 최선의 노력을 기울인다. 그런 노력이 긍정적인 결과를 보여줄 때 자신감은 높아진다. 반대로 부정적인 결과를 보여줄 때 자신감은 떨어진다. 자신감은 경쟁을 통해 얻어지는 경쟁의 산물인 셈이다. 나와 나의 경쟁, 나와 타인과의 경쟁에서 원하는 것을 충족시켜야만 가질 수 있는 느낌이다.

사실 타인과 경쟁하는 일은 그리 간단한 문제는 아니다. '얼마나 가능성이 있는가, 얼마나 많이 가지고 있는가, 얼마나 눈에 보이는 업적을 이루고 있는가, 얼마나 높이 올라가 있는가, 얼마나 빼어난 신체조건을 가지고 있는가, 얼마나 좋은 인맥을 유지하고 있는가' 등 소유, 성취, 지위, 외모, 인간관계 등 조건과 요소에 따라 경쟁 결과가 좌우된다.

사람은 모든 면에서 완벽할 수 없다. 세상이 원하는 조건을 다 갖출 수는 더욱 없다. 그래서 젊은이들이 조물주 위에 건물주인 부모를 둔 친구가 부럽다는 말을 하지 않는가. 우스갯소리로 하고 있지만, 무시할 수 없는 현실조건인 셈이다. 이런 외적조건은 자신이 할 수 있는 것과 할 수 없는 것들로 구분되기 때문에 자신감의 효능은 제한적이라 할 수 있다.

자신감은 일정한 느낌과 상태로 유지되는 것이 아니다. 어떤 조건과 여건에 놓이느냐에 따라 달라진다. 자신감이 흔들릴 때 삶도 흔들릴 수밖에 없다.

나를 전시하지 말자

지인이 책을 모두 동네 도서관에 기증했다는 메시지를 보내왔다. 그 지인은 내가 처음 살던 아파트의 이웃이다. 커피 한잔 나누는 사이로 지냈지만, 이사를 한 이후에도 가끔 연락이 온다. 지인의 집은 작은 도서관 같았다. 안방이 모두 책장이었다. 벽에 책장을 모두 붙인 형태가 아니라 ㄱ, ㄴ형으로 책장을 서로 얽어놓아, 사람이 그 사이로 지나다녀야 하는 미로형 도서관이다. 평소 책 읽는 것을 좋아하지만, 책 모으는 것이 더 좋다는 말이 무슨 의미인지 이해가 되는 책 쌓기였다. 다 배치를 하지 못해 거실에도 책 더미가 군데군데 있었다.

지인은 책 쇼핑을 즐겼다. 그것이 그의 유일한 자랑거리였다. 집에 서적 몇 만 권 있다는 것이 가장 큰 보물이라고 속삭이기도 했다. 책을 보물로 삼는 태도는 무척 좋다. 하지만 나는 저렇게 많은 책을 왜 모으는 건지는 잘 이해가 가지 않았다.

그런 내 생각을 읽기나 했는지, 한 번은 이런 이야기를 했다. 어릴 적그의 아버지가 '딸은 공부해 봐야 아무 소용없다'면서 학교를 보내지 않았다고 한다. 어렵게 기술을 배워 일찍부터 돈을 벌게 되었고, 큰 욕심안 부리면 먹고 사는 데 지장 없을 정도로 이제는 살 만하단다. 그 이야기를 하면서 허공을 바라보던 그의 눈은 슬퍼 보였다. 그는 이어, 한 번은 서점에 가서 책을 구경하는데 책에 욕심이 나더란다. 수중에 돈이 없던 것도 아닌데 자기도 모르게 손에 들고 있던 책 한 권을 훔쳐오고 말았다고 한다. 자기도 그때 왜 그랬는지 모르겠지만, 아무튼 책을 훔치고부터 그 서점은 두 번 다시 가지 못했고 그날 이후부터 책을 사기 시작했던 것이다. 표지가 예뻐서, 제목이 좋아서, 어디서 들어본 작가라서, 읽으면좋을 것 같아서 등등을 핑계 삼아 사놓은 그 많은 책을 최근 동네 도서관에 보냈다는 것이다.

그의 책 쇼핑은 공부를 하지 못했던 마음의 우울을 달래기 위한 방편이었을까. 작은 도서관처럼 다양한 책으로 온 방을 꾸며도 마음의 허기를 채울 수 없었다는 그의 말을 들은 날, 나는 그동안 그가 보인 여린 자존감의 근원을 조금 알 것 같았다. 자신의 책을 모두 보내고 빈 자리에 서 있을 그의 모습이 무엇으로 채워지든, 나는 그가 자신을 위해 새롭게 시작할 것이라 믿었다.

사람이 갖춰야 할 요소들은 많다. 그중 자신감을 갖는 일은 세상을 당당하게 살아가기 위해 반드시 갖춰야 할 요건이다. 하지만 자신감은 경쟁 관계에 따라, 경쟁결과에 따라 흔들리기도 한다. 고정된 것이 아니다. 그렇다면 주어진 여건과 상황에도 흔들리지 않고 자신을 지킬 수 있는 마음의 근육은 무엇일까. 그것은 바로 자존감이다.

자존감은 자신만의 특별한 가치를 믿는 일이다. 또한 자기 자신을 있는 그대로 인정하고 존중하는 느낌이다. 자존감이 높은 사람은 자신이 처한 상황과 사정에 무관하게 스스로 자신을 믿어주고 타인의 눈치를 보지 않는다. 언제나 당당하게 자신을 드러내는 데 주저하지 않는다. 나의 존재 가치는 내가 스스로 만든다는 신념을 가지고 있다.

사람은 누구나 만족하며 살지 못한다. 일을 할 때도 실패와 실수를 하면서 산다. 그럴 때마다 찾아오는 허기와 우울을 채우며 살아가기에는 인생은 너무 짧다. 가장 중요한 것은 자신의 자존감을 높이는 일이다. 누구나 한 가지의 장점은 가지고 있다. 그 장점을 찾아 스스로 자기 자신을 칭찬하고 안아주고 괜찮다며 소중히 여기는 일이 중요하다.

자존감을 높이고 '나' 자신이 되는 일은 실현 가능한 걸까. 우리는 독서에서 그것을 찾을 수 있을 것이다. 인문이라는 사람의 무늬를 이해하는 일에서부터 시작된 독서는 수천 년 지혜의 합산본이다. 그 안에서 나만의 특화된 나의 모습을 정립하고, '나'자신이 되어 나의 삶을 주체적으로 이끌 수 있는 힘을 얻을 수 있다.

책을 통해 나의 존재가 왜 소중한지 확인하고, 나 자신을 인정하고 긍정하는 삶을 느끼는 것이 중요하다. 소중한 것은 소중하게 여김을 받을 때 진정 소중해진다. '나'의 존재 가치를 정립하고, '나' 자신이 되는 일을 도와주는 멘토가 바로 인문고전 독서이다.

PART 3

○

지혜의 숲에서 만나는
인문고전 명저

고난을 이겨내는 스토리의 힘을 생각하다
- 일연 『삼국유사』 -

며칠째 잠을 못 자면서까지 판타지 소설에 빠진 친구는 링거를 맞고 나서야 잠시 책과 멀어졌다. 2000년대 초반의 일이다. 사업에 실패하면서 칩거만 하던 친구는 판타지 소설 '해리포터' 시리즈를 섭렵하면서 '반지의 제왕' 3편도 모두 완독하고는, 다시 영화에 빠져 한 동안 그 속에서 나오질 않았다. 그러더니 몸을 제대로 가눌 수 없을 정도로 잠과 영양이 부족해진 것이다. 친구는 퇴원 후에도 판타지 소설 속으로 자진해서 들어갔다.

당시 이런 판타지 문화 바람은 친구의 이야기에 그치지 않는다. 특히

10대에서 20대 젊은이들 사이에서 그 열풍이 심했다. 그것을 읽는 것에서 끝나지 않고 실생활로 연결하기도 하였다. 영화 〈반지의 제왕〉을 답습하는 차원에서 '절대반지' 커플링을 맞추는 연인들이 많은 것이 한 예이다. 그때 지하철 등에서 판타지 소설을 읽는 모습은 쉽게 찾아볼 수 있었다.

이러한 광경이 번지게 된 배경에는 PC 통신이나 인터넷 보급이 미친 영향이 크다. 판타지는 상상, 공상, 가상세계를 지칭한다. 이야기에 상상력이 가미되어 만들어진 흥미로운 세계이다. 한 번 읽으면 이야기가 끝날 때까지 손에서 내려놓기 어렵다. 그런 내용이 인터넷을 타고 급속도로 번지면서 다양한 계층의 호기심을 유발시켰다.

그렇지만 궁금하다. 비현실적인 내용과 인물 설정에도 불구하고, 현실로부터 괴리된 허황된 이야기라는 혹평에도 불구하고, 젊은 세대들은 왜 그렇게 판타지물에 열광하였던 걸까. 그 안에 어떤 이야기가 이토록 몰입으로 끌어당겼던 걸까.

현대는 판타지 스토리의 세계이다. 극장 스크린, 안방극장, 게임 등에서 경이로운 이야기는 점점 환상적인 색채를 강화하고 있다. 〈어벤져스〉, 〈아바타〉 등 외국 스토리에서부터 조선왕조 500년 역사를 리메이크한 국내 퓨전극 등은 이제 어디서든 접할 수 있다.

이야기에 의한 이야기를 위한 이야기의 역사

우리에게도 판타지 이야기가 있다. 이야기에 의한 이야기를 위한 이야기의 역사를 보여준 일연(1206~1289)의 『삼국유사』가 그것이다. 우리의 이야기로 신비감을 체험할 수 있는 흥미로운 고전 판타지이다. 천 년 전에 쓴 판타지 이야기가 현재에도 재미와 감동을 전하는 데 손색이 없는 이야기라는 점은 매우 놀라운 일이다.

일연은 승려이기에 앞서 역사가이며 미래학자이다. 그는 9세 때 출가하여 14세에 구족계를 받았다. 이후 설악산의 진전사를 비롯하여 전국 각처를 떠돌며 읽고 들은 것을 수집하였다. 그렇게 수집한 자료의 근거를 철저히 조사하고 고증을 하였다. 그 과정의 결과로 편찬된 것이 『삼국유사』이다. 그러니까 『삼국유사』는 단순히 허구를 바탕으로 한 스토리 중심의 판타지가 아니다. 실제 전국을 다니면서 직접 들은 이야기를 고증하고 이 이야기의 힘이 나라의 자긍심이 될 것이라는 믿음을 가지고 상상력을 첨가한 역사 판타지물이다.

역사 판타지로서의 『삼국유사』는 신라, 백제, 고구려의 남은 이야기이다. 한자 三國遺事에서 유(遺)는 '남기다, 끼치다, 전하다'의 의미가 있다. 어디에서 남은 이야기라는 걸까. 무엇을 하고 난 다음에 남은 이야기라는 걸까. 그것은 바로 『삼국사기』의 기록에서 빠진 이야기를 말한다. 역사 기록에서 빠졌으나 알고 보니 매우 중요해서 반드시 기록으로 남겨 후대에 전해야 하는 이야기들의 집산인 것이다. 『삼국유사』가 『삼국사기』에 기록되고 남은 이야기라면 이 둘의 차이는 무엇일까.

김부식(1075~1151)이 지은 『삼국사기』는 국왕 중심의 중앙집권체제를 강화하고 유교 정치를 재확립하고자 하는 목적에서 집필된 역사서이다. 유교 정치를 이상화하고, 역사를 교훈을 위한 도구로 삼고자 하였다. 국가의식이 먼저임과 국가에 대한 의무와 도리를 강조하였다. 반면 일연의 『삼국유사』는 백성들의 삶을 위로하기 위한 목적에서 집필된 역사서이다. 고통과 시련의 생활 속에서 백성들이 지켜야 할 자긍심을 보여주고자 하였다. 또한 우리 민족의 전통을 일깨우는 이야기를 통해 정신적 지침서를 마련하고자 하였다.

일연이 남긴 이야기는 바로 보통사람들에게 필요한 삶의 이야기인 것이다. 일연은 일반 백성을 위해, 역사 서술 방법을 판타지 스토리로 구성하고자 하였다. 판타지 스토리가 그렇듯, 기이한 이야기로 백성들의 생활감정을 위로하고 위안하기 위해 '괴력난신'을 등장시킨다. 그동안 김부식과 유학자들이 괴이한 이야기라고 터부시한 괴력난신을 일연은 적극적인 스토리로 차용한 것이다. 『삼국유사』는 신비로운 이야기에 불교적이면서 신화적인 색채를 덧입혀 스토리에 경이로움까지 곁들인 흥미진지한 스토리로 구성된 걸작인 것이다.

일연은 왜 이러한 방법을 고안해야 했을까. 『삼국유사』는 『삼국사기』가 나온 후 100년도 더 지난 후에 나온 이야기가 아닌가. 그 세월 동안 고려에는 무슨 일이 있었던 걸까.

가장 주목할 것은 시대 상황의 변화이다. 일연이 태어났을 때 고려는 무신 집권기였다. 고려는 원래 문신과 무신이 중심이 되어 나라를 이끌어갔다. 하지만 무신들은 문신들에 비해 상대적으로 차별을 받는다고 생각했고, 끝내 정변을 일으켜 권력을 쟁취하였다. 1170년 무신정변으로 집권하게 된 무신들은 이후 천 년간 고려를 지배한다.

시대를 불문하고 권력은 이동한다. 새로운 권력의 등장은 자연스럽다. 문제는 새로 등장한 권력이 시대를 이끌고 가는 과정에서의 정체성에 있다. 이전에는 과거 제도를 통해 등용된 문관들이 정치를 주도해왔지만, 칼을 쥔 무신들이 새 정치라는 이름으로 주도를 하자, 가장 먼저 왕의 지위가 약해진다. 무신들이 왕보다 더 높은 권력자가 된 것이다. 또한 자신들의 권력을 지키는 데 급급해 부패를 일삼고 세월이 흐를수록 그 정도가 더 심해진다. 이러한 혼란이 당시 시대 상황이다.

다음으로 주목할 일은 몽골의 침입이다. 몽골의 침입으로 고려 백성들이 전쟁의 참혹 속에 빠지게 된다. 몽골은 30여 년간 여섯 차례에 걸쳐 고려를 침략한다. 몽골의 침략으로 문화재 손실은 물론 백성의 삶이 피폐해지고 나라의 존립이 위태로워진다. 백성들은 무신의 난으로 인한 핍

박과 몽골 침입으로 인한 고통과 시련이라는 이중의 수난을 겪어야만 했다.

이 두 상황은 나라를 존폐 위기로 몰아넣었고, 백성들은 삶의 터전을 잃어버리는 처지가 되었다. 한편 일연은 세상에서 가장 크고 강하고 문화적으로도 제일 앞선다고 여겼던 중국이, 미개한 오랑캐라고 무시해왔던 몽골에 의해 멸망한 것에 충격을 받는다. 그동안 자신들이 잘못 살아왔다는 것을 자각하고 자주성을 지킬 필요를 느낀다.

우리는 중국보다 못하지 않다는 깨달음이 절실했던 시기였다. 혼란기이며 시련기를 극복하는 방안으로 '우리가 바로 이 땅의 역사를 만들어가는 주인공'이라는 인식을 심어주기 위한 스토리가 필요했던 것이다. 일연의 자주적인 주인 의식, 주체적인 시각으로 쓰인 것이 『삼국유사』이다.

고난을 이겨내는 스토리의 힘

당시 가장 필요한 것은 우리 민족도 유구한 역사를 지닌 겨레라는 것을 인식하는 일이었다. 그런 의도에서 『삼국유사』 첫 장 「신이」에서 일연은 우리 민족의 시조인 단군신화를 소개한다. 보통 인류의 탄생과 역사는 신화나 전설과 같이 가는 것이 특징이다. 단군신화는 단군이 세운 옛 조선이 우리나라의 시작이라는 점을 알려줌으로써 역사의 전통을 바로 세우는 근거를 마련하고자 한 이야기이다. 바로 자긍심을 심어주기 위한 의식 변화의 도구이다. 우리 모두가 같은 뿌리에서 퍼져 나온 한겨레라는 믿음은 많은 시련을 이겨내기 위해 힘을 모으는 데 중심 역할을 한다.

실제 일연의 이러한 의도는 일제 강점기에 만주에서 항일 투쟁하던 독립 운동가들이 투쟁할 수 있었던 힘이 되기도 하였다. 또한 단군 제사를 지내던 강화도 마니산은 전국체전 때 성화로 쓸 불을 채화하는 참성단이 있는 곳인데, 이 과정도 같은 의미로 볼 수 있다. 일연은 이밖에 기자와 위만조선에 대한 기록을 통해 우리 민족이 4천 년이라는 유구한 역사를 가졌다는 점을 강조한다.

이런 과정에서 이야기의 기법 '괴력난신'은 단순히 판타지에 그치지 않는다. 이성의 판단으로는 설명하기 어려운 불가사의한 존재나 현상들은, 우리 민족의 우월성을 증명하는 이야기의 핵심 역할을 한다. 서양이나 중국에서 나라의 시원과 문화적 기반을 이룬 책들이 괴력난신으로 신화를 다루고 있는 것과 같이, 우리의 선조들 역시 하늘로부터 선택받은 특별한 인물이란 것을 인식하게 한다.

사실 일연도 괴력난신 스토리에 대해 조금은 염려하기도 했다. 「기이」 편 첫 장에서 중국의 괴력난신에 관련한 이야기를 예로 들면서, '삼국의 시조가 모두 신비스럽고 기이한 데서 나온 것이 어찌 괴이하다 하겠는가?' 하고 시작하는 부분에서 알 수 있다. 이 문장은 조금 염려스럽기는 하지만 우리 민족도 다른 나라 못지않은 신화적 존재로부터 시작되었다는 점을 강조한다.

따라서 『삼국유사』의 백미는 괴력난신을 통한 다양한 스토리 전개에 있다. 특히 일연이 괴력난신의 스토리를 통해 단군 이야기를 남긴 것은 우리 역사서에서 처음 등장하고 기록된 일이다. 일연이 아니었으면 단군신화는 없었을 것이다. 『인문고전 100선 읽기』(위즈덤하우스, 2014)에 수록된 이채강 시인의 "단군 기록은 반 페이지도 안 되는 기록이지만 그 내용은 한국 영토의 수만 페이지처럼 여겨지는 상상력의 땅을 펼쳐 보이고 있다."라는 말에서 그 의미와 가치를 확인할 수 있다.

단군신화의 중요성은 순수 창작한 것이 아니라 예로부터 전해오던 이야기를 일연이 수집하고 구성한 것이라는 점에 있다. 여기에 불교적 상상력과 민간신앙 등의 상상력이 가미되어 친숙하면서도 놀라운 뜻을 세운 일연의 스토리 구성 능력이 함께 하고 있는 것이다.

사람들은 스토리를 갈구한다. 시대가 어려우면 어려울수록 스토리는 더 중요해지고 있다. 어떤 이야기를 어떻게 만들 것인가 하는 일은 한 시대를 대변하는 문화양식이 되었다.

우리 모두는 각자의 성장 스토리를 가지고 있다. 내가 어떤 사람이 되고 싶은가에 따라 과거의 스토리는 나를 보여주는 미래의 문화양식이 될 것이다. 스토리에 반응하는 지점은 우리의 고민이며 시대의 고민임을 보여주면서 그것을 이겨내는 힘이 응집되어 있는 곳이다.

　인문고전『삼국유사』는 다양한 스토리를 통해 살아가는 지혜와 용기를 준다. 시대적 상황과 새로운 상상력이 더해지면서 위로와 위안을 준다. 또 도전과 용기를 다지면서 새로운 스토리로 번식하기도 한다. 모든 스토리는 자기를 지켜내고자 하는 인간이 지닌 본능이자 근원이다.

02

○

책임과 의무를 생각하다
- 사마천 『사기』 -

고등학교 시절 국어 선생님은 항상 한자의 중요성을 강조하셨다. 나는 한자 세대가 아니어서 그 말을 들을 때마다 고리타분하다는 생각을 하였다. 선생님은 나뿐 아니라 다른 학생들의 표정에서도 같은 생각을 읽으셨던 모양이다.

고전 수업을 몇 번 하고 난 어느 날, 수업에 오시자마자 '오늘은 퀴즈게임'을 한다면서 네 명을 한 조로 묶으셨다. 네 명씩 한 팀이 된 우리는 오늘의 퀴즈게임 규칙을 새겨들었다. 먼저 선생님이 가지고 있던 카드 중 네 장씩을 무작위로 뽑았다. 다른 팀이 보면 안 된다고 고지하셨고, 자신의 팀만 볼 수 있게 조심하라고도 하셨다. 카드에는 사자성어가 들어 있었다. 수업에서 듣고 배운 것도 있고 잘 모르는 것도 있었다. 선생님은 잠시 팀원들이 카드 내용을 공부하는 시간을 주시고는 게임을 시작하셨다.

네 명이 한자 하나씩을 동시에 외치면, 다른 팀이 맞추는 방식이다. 맞춘 팀은 그것이 무슨 내용인지까지 맞추어야만 한다. 퀴즈문제를 맞춘 팀은 선생님이 준비한 상품을 받을 수 있었다.

게임이 시작되고 우리는 흥미진진한 시간을 보냈다. '관포지교', '문경지교', '표모반신', '과하지욕'…. 외치는 대로 사자성어의 답을 들키고 말았다. 어느 경우에는 관련 내용을 잘못 말해 무효가 되기도 했지만, 그런 방식으로 문제를 내고 답을 찾아가면서 우리는 『사기』를 공부했다.

당시 선생님의 학습방법은 밖에서부터 안으로 주입시키며 들어오는 것이 아니라, 안으로부터 밖으로 나가는 능동형이었던 셈이다. 하나의 문제를 내기 위해, 또는 맞히기 위해, 우리는 집중과 몰입으로 사자성어를 공부했으니까, 선생님의 목적이 어느 정도 이뤄졌다고 할 수 있다. 선생님은 푸짐하게 상품을 쏘셨다. 먹을거리라서 더 기억에 남는 일이었다.

우리는 처음엔 사자성어를 알면 『사기』의 내용을 다 아는 것이라고 생각했다. 사자성어를 찾으면서 관련된 이야기들도 알게 되는 연쇄반응도 기분 좋은 일이었다. 한자로 구성된 사자성어는 몇 가지 필요할 때만 쓰이는 것인 줄 알았는데, 그 안에는 엄청난 이야기가 담겨 있었으니까. 그 이야기를 알게 된 것만으로도 매우 만족을 하였던 것이다.

다음 수업시간에 선생님은 오늘날 우리에게 이 사자성어를 알게 한 『사기』의 저자 사마천의 일생을 이야기해주셨다. 그의 이력을 들으면서 웃을 수도 울 수도 없는 상황이 나올 때 선생님은 말씀하셨다. 이『사기』는, 사마천의 피와 땀이 쓴, 책 중의 책이라는 것을 알아야 한다고.

궁형의 굴욕을 이겨내는 책임과 의무

사마천의 『사기』는 많이 들어봤지만 읽은 사람이 드물다. 중국문학과 예술을 이해하려면 이 책을 꼭 읽으라고 하지만, 쉽게 펼치기 어려운 면이 있다. 제목이 주는 무게가 있기 때문이다. 그럼에도 이 책이 지닌 가치가 높다는 것은 알고 있다. 진시황이 중국 영토를 통일했다고 하면, 사마천은 『사기』로 '관념적인 중국을 통일'한 사람이다. 이전에는 다양한 민족의 크고 작은 나라들이 할거하며 패권을 다툴 뿐이었던 거대한 땅이 『사기』 이후 '중국'이라는 관념적 공간으로 전환되면서 수십 개 나라의 역사도 하나의 중국 역사로 편입되었기 때문이다.

이러한 관념적 통일은 수천 년이 지난 현재까지도 이어져, 다양한 민족과 문화가 공존함에도 통합된 중국이 될 수 있는 바탕이 되고 있다.

오늘날까지 영향을 미치는, 『사기』는 어떤 책이며 사마천은 어떤 인물일까?

'사마천' 하면 먼저 떠오르는 생각은 궁형을 당한 사람이라는 거다. 궁형은 죄인의 생식기를 없애는 형벌로, 치욕의 형벌이다. 사마천은 왜 이런 형벌을 받은 걸까.

중국 한나라 무제 때 흉노가 침입했다. 흉노 정벌을 위해 떠난 장수가 이릉이다. 그런데 이릉은 전쟁에서 패하고 항복을 하고 만다. 흉노의 포로가 된 이릉은 지혜롭고 용맹하여 조정에서 인정을 받는 장수였다. 그런데 흉노와 전쟁 중 적진에 너무 깊이 들어가는 바람에 적에게 포위당했다. 항복을 거부하며 끝까지 싸웠으나 말에서 떨어져 결국 포로가 되고 말았다.

이 소식을 들은 무제와 대신들은 이릉을 공격하고 비난하기에 바빴다. 이런 모습을 본 사마천은 이릉의 지사다운 면모를 말하며 그의 항복에는 필시 이유가 있을 것이라며 그를 변호한다. 이 부분이 무제의 심기를 불편하게 했다. 이후 들리는 이릉의 소식은 흉노를 돕고 있다는 내용들이어서 대신들은 더 비난의 수위를 높이고 무제 역시 격노하는 태도를 보였다. 이때에도 사마천은 소신대로 답을 하여 무제를 더 불편하게 했다.

무제에게 밉보인 사마천은 결국 허리가 잘리는 사형선고를 받는다. 당시는 사형선고를 받아도 이를 면할 수 있는 방법이 있었다. 50만 전이라는 돈을 국고에 납입하거나, 궁형을 택하는 것이다. 사마천은 당시 말단 관리였으므로 돈을 낼 여유는 없었다. 궁여지책으로 사마천이 선택한 것은 궁형이었다. 남자가 거세를 당하는 일은 생산이 불가능해지는 것이었지만, 사마천은 이 치욕적인 형벌을 자처해서 받았다. 대부분 궁형을 당하면 수치심에 못 이겨 자살하는 게 당시 관례였으나 사마천은 꿋꿋하게 버티고 견뎌냈다. 당시 사마천은 "이것이 내 죄인가? 이것이 내 죄인가? 몸이 망가져 쓸모없게 되었다."라고 심경을 밝히기도 했다.

하지만 그에게는 할 일이 있었다. 그것이 궁형을 선택한 이유이다. 그의 아버지 사마담은 사마천을 역사학자로 키우고자 하였다. 역사의 현장을 직접 밟고 보고 확인하면서 탐방하기를 권유했다. 사마담 자신도 역사서 저술가였기에 아들 역시 그 뜻을 이어가길 바랐다. 말하자면 사마천이 궁형이라는 치욕스러운 형벌을 자처한 것은 아버지가 남긴 역사 저술가로의 역할을 담당하기 위함이다. 아버지가 정리하고 보존해온 기록을 빠짐없이 역사서에 싣고, 자신이 현장탐방으로 알게 된 이야기를 정확하게 기록하고자 한 것이다. 그렇게 전념을 다해 저술한 것이 『사기』이다.

"저는 여기저기 흩어져 있는 역사 사실들을 주워 모아서 기록하고 정리하고자 합니다. … 위로는 황제 헌원에서 아래로는 바로 현재에 이르기까지 인간세계를 연구할 것입니다. 만약 이 글이 세상에 나와 나의 뜻을 아는 사람에게 전해지고 널리 퍼진다면, 지금까지 마음에 쌓여 있던 굴욕스러움이 조금은 보상되리라고 생각합니다."

— 사마천

참고 실천하는 것이 우리가 할 일

사마천의 이야기대로 『사기』는 인간 중심의 역사서이다. 시간적으로는 상고시대부터 한나라 무제 때까지, 공간적으로는 옛 중원을 중심으로 주변 이민족의 역사까지 다루었다. 이전 역사서는 시간순으로 모든 인물과 사건을 한꺼번에 기술했다. 하지만 사마천은 먼저 제왕을 내세워 뼈대를 잡은 다음 제후 등의 인물들을 등장시켰다. 중심과 주변의 구분을 명확히 하는 방식으로 서술하였다. 그는 인물 하나하나에 정성을 들였다.

일본 학자 미야자키 이키사다는 사마천을 이렇게 이해한다.

"중국인의 사고방식에 따르면 이름은 몸에 붙인 명찰이 아니다. 바로 인간 그 자체이다. 적어도 인간 그 자체와 분리할 수 없고, 이름과 본질을 나눌 수 없다. 왜냐하면 사람이 사람을 아는 것은 그 육체를 아는 것이 아니라 그의 이름에 의해서만 가능하기 때문이다. 특히 역사적 인간에게는 이름이 전부다. 사람은 그 이름에 의해 불멸할 수 있다. 사마천은 이런 의미에서 인간의 불멸을 굳게 믿었다."

사마천이 정성을 들인 인물들은 이키사다의 말처럼 하나하나의 이름으로 남아 있다.

사마천의 『사기』는 현실 비판의식과 인간 중심 사상이 중심이다. 『사기』 중 「세가」와 「열전」에는 공자와 오자서, 범저, 한신, 인상여, 항우, 굴원, 계포 등 다양한 인물이 등장한다. 인상여를 보고 "죽는 것이 어려우랴? 죽음에 처했을 때가 어려운 법이다."라고 한 말이라든가, 오자서를 보고 "만일 오자서가 아버지를 따라 죽었다면 땅강아지나 개미의 목숨과 무슨 차이가 있었으랴. 사소한 의리를 저버리고 큰 복수를 하여 이름을 후세에 남겼으니 너무나 감동적이다."라고 한 것, 또 노예가 되어 살다 한 제국의 명장이 된 계포를 보며 "생각이 있는 자는 함부로 죽음을 이야기하지 않는다. 하찮은 인간들이 감상에 젖어 자살하곤 한다."라고 한 그의 이야기는 현재에도 큰 울림으로 다가온다.

'치욕을 참아야 사람 구실을 할 수 있다.'는 사마천의 말은 현실의 고통을 참고 이겨내야 하고자 하는 일을 이룰 수 있다는 의미이다. 그의 책임과 의무로 채워진 『사기』는 많은 경영자들이 보고 배우는 자기계발서로 활용되기도 한다.

사마천은 『사기』「열전」 편 '화식열전'에서 "오랫동안 가난하고 천하게 살면서 인의를 말하는 것만을 즐기는 것 또한 아주 부끄러운 일이다. … 대체로 일반 백성들은 상대방의 재산이 자기보다 열 배 많으면 몸을 낮추고, 백 배 많으면 두려워하며, 천 배 많으면 그의 일을 하며, 만 배 많으면 그의 하인이 된다. 이것이 사물의 이치다."라고 하면서 피죽도 못 먹으면서 인의만 논하는 것은 부끄러운 일이라며 실천의식을 강조한다. 실리 추구의 태도를 옹호하는 것이 아니라 고난과 시련 속에서도 부지런히 살아야 하는 것을 의미한다.

사마천은 자신의 생을 통해 어떠한 고난과 역경에서도 끝내 살아남아야 한다고 강조한다. 견디고 이겨내는 삶이 자신에 대한 책임이며 의무인 것이다. 그의 『사기』는 의로운 사람(백이 · 숙제, 굴원 등), 기회를 기다리며 성공한 사람(관중, 범저, 여불위 등), 능력이 탁월한 사람(오자서, 인상여 등), 이 밖에 잔혹하고 무자비한 사람, 아첨하는 사람, 폭력적인 사람, 재치가 있는 사람들을 다양하게 등장시킨다. 한 시대의 여러 상을 반영하여 그 의미를 남겼다. 사람이 중심이 되는 역사서를 만나는 즐거움이 여기에 있다.

03

○

지혜를 어떻게 얻을까를 생각하다
- 『논어』 -

선배가 도심 근교 한 도서관에서 특강을 한다기에 오랜만에 그의 얼굴도 볼 겸 찾아갔다. 여름이었고 기온이 높은 날이었다. 동양철학을 공부한 선배는 가끔 일일 강의 요청을 받는데 이번에는 기획 강의여서 6주간 이어 할 계획이라고 한다.

강의실은 거의 빈자리가 없었다. 나는 처음엔 앞의 강의를 들은 사람들이 앉아 있는 줄 알고 밖에서 기다렸다. 하지만 강의 시간이 다 돼도 사람들이 나오지를 않는 걸 보고는, 그제야 그들이 선배 강의를 들으러 온 사람들임을 알게 되었다.

이번 강의는 『논어』 강독이었다. 『논어』 이야기에 관심을 둔 이들이 이렇게 많다니. 사실 선배를 만나러 올 때까지만 해도 참여하는 사람들이 너무 적으면 어쩌나 염려를 했는데 모두 기우였다. 나는 뒤늦게 구석 빈 자리에 앉아 선배의 강의를 들었다. 차분하고 낮은 목소리로 강의는 이어졌다. 참여한 사람들은 흰 도포를 입은 어른들이 가장 많았고, 연령대를 알기 어려운 장년과 어린 청년들도 있었다. 이 지역에 사는 사람도 있었지만, 이 강의를 듣기 위해 인근 마을에서도 왔다고 한다. 2시간 연속 강의임에도 한 사람도 자리를 뜨는 이가 없는 모습은 놀랍기도 하고 인상도 깊었다.

강의를 마치고 선배는 "우리나라 사람들은 공부를 참 열심히 한다."면서 "특히 동양철학에 조예가 깊은 것 같아, 강의할 때마다 나도 모르게 긴장을 하게 된다."고 너스레를 떨었다. 그도 그럴 것이 강독을 하다 보면 해석이 다르거나 한자를 틀리는 경우가 있는데, 그때마다 도포 입은 어른들이 즉각 잡아주기도 한다고 하니. 그럴 때마다 부끄럽기도 하고 갑자기 머리가 하얘지는 경우도 있다는 선배의 어려움이 조금은 짐작이 갔다.

사람들은 『논어』에서 무엇을 얻는 걸까. '공자'의 말씀 속에서 무엇을 찾는 걸까. 누군가 '공자님 같은 소리 하시네.'와 같은 말을 하면, 그것은 현실과 동떨어진 말을 하는 중이라는 얘기이다. 많은 현대인들에게 공자는 고리타분한 사람이고 『논어』 역시 오래된 책이라는 인상을 가지고 있다. 그런데 선배에 의하면 몇 년 전부터 동양철학과 관련한 강의를 찾는 이들이 늘고 있다고 한다. 어느 때는 작은 차를 빌려서 오는 단체들도 있다고 한다.

현대 문화와 생활이 급변하는 요즘 상황에서 옛 성현의 말씀에 귀 기울이게 하는 요인이 무엇인지, 필시 그 안에는 현대인들에게 필요한 무언가가 들어 있는 것이리라.

시대를 초월하는 대화

맹자, 장자, 한비자, 순자의 공통점은 모두 자신의 이름이면서 자신의 이름으로 낸 '저서'를 출간한 이들이다. 공자에게는 '공자'라는 책은 없다. '공자'의 말씀을 모아서 만든 책이 있을 뿐이다. 그것이 『논어』이다. 『논어』는 공자가 직접 쓴 책이 아니라, 그의 제자들이 공자에게서 듣고 배운 이야기를 엮어놓은 것이다. 『논어』에는 스승의 말씀을 귀하게 여긴 제자들의 정성이 들어 있다. 스승의 말씀을 놓치지 않고 기록하려 했던 그의 제자들이 새삼 존경스럽다. 훌륭한 제자 뒤에는 위대한 스승이 있는 법이라 했던가.

공자(기원전 551~479)는 '사람이 세상에 태어나 어떻게 살아가야 하는

지, 사람이 사람으로서 갖춰야 할 수양을 어떻게 익히고 실천해야 하는 지, 배우는 사람이 갖춰야 할 학문의 자세는 무엇인지, 사람이 가족과의 관계를 어떻게 해야 하는지, 사회와 국가에 대한 태도와 시각은 어떠해야 하는지'를 알아가는 것을 과업으로 삼아 평생 공부에 힘을 썼다. 그에게 공부는 독서를 하고 대화를 하고 다시 또 대화를 하는 일이었다. 그에게 대화는 올바른 삶을 살아가기 위한 수단이면서 지혜로운 생활을 위한 방법이었다.

그와 대화를 하는 사람들은 제자들과 관료, 귀족, 통치자들과 일반인 (군자)들이었다. 공자는 만나는 사람들의 특성에 맞게 대화를 하였다. 개인이 처한 상황에 맞춰, 세대의 특성에 맞춰 대화를 이어갔다. 어떤 정해진 답을 제시하는 것이 아니라, 스스로 문제를 던지고 해답을 찾아가는 과정으로서의 대화법이 공자의 공부법이었던 것이다.

따라서 독자는 스스로 처한 상황에 따라 『논어』를 다르게 본다. 독자마다 자신만의 고유한 자기 입장을 가지고 있기 때문이다. 자신만의 문제 의식을 가지고 『논어』를 통해 답을 찾으려고 노력할 때, 시공을 넘은 인생의 지혜를 발견할 수 있는 것이다.

그럼에도 불구하고 왜 우리가 『논어』를 읽어야만 하는 건지 의문이 제기된다. 공자는 언제 사람인가. 기원전(BC) 사람이 아닌가. 무엇보다 농업생산에 기초한 시대의 사람이라서 혈연관계를 중시한다. 산업화 시대를 지나 정보화 시대와 4차 산업혁명의 시기에 접어든 지금, 21세기에 공자는 하루 빨리 청산되어야 할 사상이라고 여기는 이들이 있는 것도 사실이다.

지금은 정보화 시대이면서 4차 산업혁명의 시대이다. 집단보다는 개인이 중요하다. 개인과 개인은 동질의 소속 관계나 인격적인 부분에서의 관계보다는 일로 연결되어 있다. 사회, 문화의 성격이 모두 달라진 시대이다. 혈연과 지연 같은 자연 발생적인 관계를 중시하여 배움의 교본으로 삼던 공자의 시대는 현대인의 개성과 다양한 국적과 문화를 뛰어넘는 시류에는 어울리지 않는다고 볼 수도 있다.

그럼에도 인생을 잘 살고 싶은 이들은 『논어』를 읽는다. 이 사회에서 성공하고 싶은 이들은 『논어』를 읽는다. 지혜와 명철을 배우고 싶은 이들은 『논어』를 읽는다. 예와 도덕을 알고 싶은 이들은 『논어』를 읽는다. 시의 중요성을 알고 싶은 이들은 『논어』를 읽는다. 사람들은 『논어』에서 인간의 가치에 대한 믿음을 배우고 이상에 대한 꿈을 간직하고자 한다. 이렇게 다양한 독자층을 확보하고 있는 『논어』의 비밀은 무엇일까.

공자의 지혜

'공자'하면 떠오르는 배움, 충, 효, 중용, 인, 예, 화 등은 인간의 올바른 삶을 우선시하는 그의 사상을 대표한다. 공자 사상은 그만큼 우리 생활에 밀접하게 영향을 주고 있다. '공자'라는 말만 들어도 그가 한 이야기 한두 가지는 자연스럽게 떠오른다. '공자'의 말씀을 조금이라도 기억하는 것은 지식을 넘어 지혜를 얻는 일과 같다.

사람들은 『논어』에서 인생경영의 지혜를 배운다. 15세에 학문의 뜻을 두고, 30세에 사회적으로 자립하고, 40세에 웬만한 일에는 미혹되지 않으며, 50세에 하늘의 뜻을 알고, 60세에 귀가 순해지고, 70세에 도덕적으로 절대 자유의 경지에 이르는 것을 삶의 준거로 삼는다. 사실 이 이야기는 공자가 말년에 자신의 인생을 돌아보면서 나이에 따라 자신이 어떻게 성장하고 어떻게 변하게 되었는지를 설명한 내용이다. 사람들은 공자의 일생을 삶의 지혜로 삼아 자신의 삶을 경영하려고 애쓴다.

사람들은 또 『논어』에서 삶의 지혜를 배운다. 사람은 항상 멀리 생각해야 하는데, 사람이 멀리 생각하는 것이 없으면 반드시 가까운 데 걱정거리가 생기기 마련이다. 또 즐거워하되 넘치지 않게 해야 하고, 슬퍼하되 마음이 상하지 않게 해야 하고, 통찰력을 키워야 하고, 창의적으로 생각해야 하며, 자기가 하기 싫은 것은 남에게도 시키지 않아야 하는 등 살아가는 자세와 태도를 배운다. 더불어 넓은 생각과 감정을 조율할 줄 아는 능력과 상식으로 사회성을 기르는 방법 등도 배운다.

인생은 희로애락과 함께한다. 그럴 때마다 어떻게 대처해야 할지 몰라 당황한다. 사람들은『논어』를 삶의 기준으로 삼아 담대하게 현실을 이겨나가는 지혜를 얻는다. 현대인들이『논어』를 찾는 비밀이 여기에 있다. 주변에 휘둘리지 않고 자신의 삶을 이끌어가기 위한 지침서로서 자신의 내면을 다지는 방법이 이 안에 다 있는 것이다.

"논어를 읽고도 아무렇지도 않은 사람이 있고, 논어를 읽은 후 한두 구절을 얻어서 기뻐하는 사람도 있고, 논어를 읽은 후 한두 문장에 감동하는 사람도 있고, 논어를 읽은 후 자기도 모르게 손으로 덩실덩실 춤을 추고 발을 구르는 사람도 있다."

― 송나라 학자 정명도, 정이천

우리는 오늘『논어』를 읽고 어떠한 자세를 취하고 있는가. 공자는 공(恭), 관(寬), 신(信), 민(敏), 혜(惠)를 중시하라고 한다. 공손하면 모욕당하지 않고, 관대하면 많은 사람을 얻으며, 신의가 있으면 남들이 신뢰하여 일을 맡기고, 민첩하면 일을 성취할 수 있고, 은혜로우면 사람을 부릴 수 있다는 것이다. 스스로 묻는다. 우리 삶의 방향은 지금 어디로 향해 있는가.

인생의 지침이 되는 지혜의 책『논어』는 시대의 지도자가 되고, 경영자가 되고자 하는 이들에게 도덕적 지침서와 경영의 지침서로 활용되고 있다. 실제 고 이병철 삼성 회장의 『논어』 사랑은 유명하다. 또한 사회의 리더로 성장하고 싶은 이들도 삶의 교본으로 활용하고 있다. 공자의 제자들도 공자의 말씀을 실천하면서 당시 사회의 리더로 살아갔다. 공직에 발탁되어 나라의 일을 하는 이도 있으며, 학문과 사상을 즐겨 공자의 뒤를 이으려는 이들도 있었다. 덕행으로 뛰어난 안회, 민자린, 염백우, 언변이 뛰어난 재여, 자공, 정사에 뛰어난 염구와 자로, 문학에 특출한 장유, 자하 등은 각자의 자리에서 사회적 리더가 되어 스승의 가르침을 몸소 실천하면서 살았다.

『논어』는 지혜의 보고이자 수신서이다. 단순히 잘 살기 위함이 아니라 어떻게 잘 살 수 있는지를 고민하게 하고, 나 혼자만의 삶이 아니라 배려하면서 실천하는 삶을 살게 한다. 인간이 지켜야 할 가치관과 도덕적 윤리관은 인간을 우선시하는 실천 지혜의 인문고전 『논어』에서 배울 수 있다.

04

○

의리와 신의를 생각하다
- 셰익스피어 『맥베스』 -

가슴이 두근거리고, 두 손이 모아지고, 어깨가 움츠러들고, 자신도 모르게 탄식이 쏟아지고…. 셰익스피어 작품을 연극으로 처음 보았을 때, 긴장과 두려움이 온몸으로 번지던 순간을 아직도 나는 생생히 기억한다. 시기는 정확치 않으나 사춘기에 막 들어설 즈음이었다. 언니들을 따라 시내 구경을 나갔다가 소극장에서 연극을 보게 된 것인데, 그 작품이 셰익스피어의 비극 중 하나였다.

어릴 적 다니던 작은 교회에서 연극을 본 기억은 있다. 여름 하계 수련과 겨울 성탄이면 교회에서는 특별 행사를 늘 열었으니까. 특히 성탄이 되면 작은 성탄제가 저녁 내내 열리고, 예수 탄생의 과정을 보여주는 연극이 펼쳐졌다. 해마다 비슷한 스토리로 반복해서 진행되었기 때문에 나는 세상의 연극은 다 저렇게 성탄과 관련된 내용으로 펼치는 연기라고 생각하고 있었다. 더군다나 연기를 하는 사람들이 주변에서 늘 보았던 사람이라서 시간이 갈수록 별다른 감흥이 없기도 하였다.

그런데 셰익스피어의 극은 내 생각을 완전히 뒤집어놓았다. 무엇보다 등장인물이 낯설었고 그들의 목소리가 동네 연극하는 이들과는 판이하게 달라서, 실제 어떤 상황 속에 내가 놓여 있다는 생각을 하게 하였다. 관중을 압도하는 분위기는 태어나 처음 맞이하는 두려움을 안기기도 했다. 거기다 어두침침한 무대 배경, 갑자기 저음의 효과음으로 긴장을 유발하는 음악, 가끔씩 바뀌는 화려한 무대 세트, 배우들의 절제된 행동, 간결한 대사 등은 신비로웠다. 나는 처음 듣는 이야기 속으로 푹 빠져들었다. 둘러보니 세상은 내가 모르는 것들로 가득하였다. 나는 알 수 없는 호기심으로 극에 집중을 했고, 그 연극 관람은 아직도 충격의 하루로 남아 있다.

남의 이야기가 아니다

그때 내가 본 작품이 『맥베스』였다. 그때부터였을 것 같다. 내가 본 세상은 어제 본 세상과 다르게 보이기 시작했다. 나는 갑자기 생각이 많은 아이가 되어갔다. 가족들은 사춘기의 특성이라고 크게 관심을 보이지 않았으나, 나는 분명 다른 하나의 생각과 시각을 가지게 되었다.

그 시절에 내가 즐겨 읽게 된 책은 배신과 죽음이 들어 있는 비극이 중심이었다. 셰익스피어의 비극 작품을 찾아 읽기 시작한 것도 그 영향 때문이었다. 그의 비극 작품을 읽을 때마다 지적 허영심이 채워지는 것이 좋았고 한편으로 그것을 즐기기까지 하였다. 친구들을 만나면 '사람을 너무 믿으면 배신을 당하게 된다, 사람이 꼭 진실만을 말하는 것은 아니더라'는 식의 유식을 떨기도 하였으니, 그때 그 순간을 생각하면 나도 모르게 얼굴이 붉어진다.

그렇게 지적 허영을 채우면서도 나는 그 안에 숨겨진 내용을 다 알지는 못했다. 사람이 나이에 맞게 그리고 생각의 수준에 맞게 책이 자신을 열어 보인다는 말을 알지 못했다. 다만 읽은 것을 다시 읽고 또 다시 읽을 때마다 새로 알게 되는 내용들을 그 안에서 발견했다. 그리고 사람이 사람을 사랑하고, 사람이 사람을 배신하고, 사람이 사람을 죽일 수도 있다는 이야기가 성경 속에서 읽은 아벨의 것만은 아니었다는 발견이, 셰익스피어를 손에서 놓지 못하게 했다.

나중에 알게 된 사실이지만, 어린 내가 셰익스피어의 작품에 끌린 가장 근원적인 이유는 따로 있었다. 바로 인간의 마음속에 깃든 욕망과 인간과 인간 간의 관계에 대한 문제들이 그의 작품이 갖는 주제여서 그랬던 거였다. 사춘기 즈음이었으니, 하고 싶은 것이나 친구와의 관계에 나름 고민도 있었을 터이니, 나도 모르게 무의식중에 작용한 마음의 상태가 있었던 거였다.

윌리엄 셰익스피어(1564~1616)는 영국이 낳은 세계적인 대문호다. 영국의 엘리자베스 여왕이 "국가를 모두 넘겨주어도 셰익스피어 한 명만은 못 넘긴다."라고 한 말은 너무 유명하다. 이 말은 그가 단순히 유명한 작가가 아니라 아주 귀중한 작가라는 것을 의미한다. 누군가 한 사람을 귀중하게 여긴다는 것은 그가 지닌 가치를 세상의 기준으로 잴 수 없다는 것과 같은 말이 된다.

실제 그의 작품은 인간이 살아가면서 겪는 보편적인 문제들을 다루고 있다. 그의 작품은 인간이 살아가는 이야기이다. 그는 인간의 내면을 치밀하게 탐구하고 표현하는 능력이 탁월하다. 인간관계에서 비롯된 문제들을 깊이 천착하여 이를 상징적으로 보여주었다. 그의 작품은 모두 인간의 이야기라는 보편성을 확보하고 있는 것이다. 인간이 존재하는 한 그의 이야기는 한 세대에 국한되지 않고 영원히 보편적이고 불멸적인 작품이 될 수밖에 없을 것이다.

셰익스피어가 비극 작품으로 드러내고자 했던 인간의 문제는 사랑과 의리 그리고 신의로 함축할 수 있다. 그의 비극 작품의 근원이 된 요인은 그가 살았던 시대의 실제 역사 사건에 있으니까.

1599년 아일랜드에서 반란이 일어난다. 바로 타이론의 반란이다. 엘리자베스 여왕은 반란군 진압을 위해 셰익스피어의 친구이자 후원자였던 사우샘프턴 백작도 동참하는 에섹스 경의 원정군을 출정시킨다. 그런데 원정은 실패로 돌아간다. 영국의 왕실은 분노하고 책임론이 불거진다. 이에 에섹스와 사우샘프턴은 아일랜드 반란군을 공격하던 애초의 목표를 런던의 왕실로 바꾸어버린다. 회군을 시작하여 왕실로 공격을 하려던 그들은 여론의 지지를 얻지 못하고 실패한다. 이 일로 에섹스 경은 반역죄로 몰려 런던탑에서 참수를 당한다. 셰익스피어의 절친이자 후원자였던 사우샘프턴은 종신형으로 런던탑에 갇히게 된다.

이런 역사적인 불행한 사태는 셰익스피어에게 큰 충격을 주었다. 의리와 신의를 저버린 인간의 욕망과 권력을 도모하려는 야욕에 대한 충격은 그의 창작이 새로운 지평을 열게 된 이유이다. 이후 그의 작품세계에는 비극적인 문제의식이 들어가기 시작한다. 또 하나의 이유는 그가 살았던 16세기 유럽의 시대적 상황변화에 있다. 그 시기는 이탈리아에서 시작된 문예부흥이 전 유럽으로 확산된 시기이면서 독일에서 루터가 종교개혁을 함으로써 유럽 전역에 종교운동이 일어나기 시작한 때였다. 거기에 콜럼버스가 신대륙을 발견하고 이와 함께 천문학이 발달하는 등 문화적, 종교적, 지리적, 과학적 세계관이 열리기 시작했다.

이러한 변화의 급물살은 전 유럽으로 확산되면서 그동안 유럽을 지탱해주던 신 중심의 세계관이 인간 중심의 세계관으로 전환하는 계기가 되었다. 더불어 예술에 종사하는 예술가들도 인간의 창의력과 가능성을 실험하고 모험하는 시기가 되었다.

셰익스피어의 작품 『맥베스』는 이러한 시대적 상황들 속에서 저술됐다. 내용의 중심사건인 반란은 실제 겪은 경험과 유럽 전역의 변화를 배경으로 하고 있는 것이다. 특히 인물 '맥베스'는 작품 속 허구의 인물이 아니라 실제 인물을 작품화한 것이다. 알려진 바에 의하면, 맥베스는 17년 동안 스코틀랜드를 통치한 왕의 이름이다. 그런데 셰익스피어는 당시 정치적 상황을 고려하여 그의 악행이 중심이 되게 작품을 서술하였다.

작품 『맥베스』는 전쟁에서 승리하고 돌아오던 맥베스 장군이 길에서 우연히 세 마녀를 만나면서부터 진행된다. 세 마녀는 맥베스에게 그가 곧 왕이 될 거라는 예언을 한다. 이 말은 곧 권력에 큰 욕심을 내지 않던 그의 마음에 불씨처럼 던져진다. 그는 결국 아내와 공모하여 자신을 신임하던 스코틀랜드 왕인 던컨을 배신하고 살해한다. 왕좌에 오른 맥베스는 던컨의 주변인과 자신이 신임하던 신하들을 갖은 이유로 죽이면서 한편으로는 점점 죄책감에 사로잡힌다. 의리와 신의를 저버린 대가로 결국 비참하고 참혹한 최후를 맞이한다.

"선한 것이 악한 것, 악한 것이 선한 것" – 세 마녀
"순결한 꽃처럼 보이되, 그 밑에 숨은 뱀이 되세요" – 맥베스 부인
"명예, 사랑, 친구들… 그것들 대신에 저주만이 남았구나" – 맥베스

작품 『맥베스』에서 보여주는 배신과 권력, 그리고 죄책감의 문제는 인간의 삶과 깊이 연관된 주요주제이다. 왕위 찬탈이라는 거대 서사 뒤에는, 개인과 개인 사이의 배신의 문제, 사회와 사회관계에서의 권력의 문제 그리고 욕망의 뒤로 그림자처럼 다가오는 죄책감은 인간 고유의 문제이다. 셰익스피어의 작품은 그러한 것들이 인간이 지닌 면모이면서 본질의 문제라는 것을 제시한다. 그 목적은 인간이라는 존재의 본질이 도덕적이고 윤리적인 내면을 지니고 있다는 주제의식 전달에 있다.

작품 속에서 셰익스피어는 세 마녀의 예언을 통해, 맥베스에게 왕이 될 거라는 말을 던지면서 '선한 것이 악한 것, 악한 것이 선한 것'이라고 중언부언 한 후 앞으로 일어날 일들을 암시한다. 그 말은 맥베스 부인이 야망과 신의 그리고 의리 사이에서 흔들리는 맥베스에게 '순결한 꽃으로

보이되, 그 밑에 숨은 뱀이 되세요.'라고 주문하는 야욕을 아이러니하게 내다보고 있는 것이다. 그것이 결국은 '명예, 사랑 친구들… 그것들 대신 저주만이 남았구나.'라고 탄식하는 맥베스의 죄의식과 윤리성의 갈등으로 확대되어 인간의 윤리적인 내면을 문제 삼는 것이다.

　셰익스피어는 의리와 신의를 저버리는 배신의 문제가 때와 장소에 따라, 그리고 일어난 일의 성격에 따라 변주의 형태를 보이게 되더라도, 결국 어느 시대 누구에게든 벌어질 수 있는 일이라고 전한다. 인간의 오욕 칠정을 알고 싶다면 그의 책을 읽으라는 말이 괜히 전해지는 것이 아니다.

05

○

자유는 왜 시대에 따라 달라지는가를 생각하다
- 밀 『자유론』 -

    이면도로 한쪽에 늘 주차가 되어 있는 곳을 지나면서 본 광경이다. 어느 한 사람이 주차한 차 바로 옆에 주차를 하고는 어디론가 급히 달려갔다. 짧다면 짧은 시간이기는 하지만, 하필 그 시간에 그곳을 지나는 차 한 대가 있었다. 그 차는 이중주차로 좁아진 길을 지나갈 수 없어 경적을 크게 울렸다. 지나는 사람들이 돌아보고, 걷던 사람들은 걸음을 멈추고, 뛰어가던 이들은 돌아서서 두리번거렸다. 엎친 데 덮친 격으로 그 뒤로 또 다른 차들이 들어서서 좁은 도로는 이중 삼중이 되었다. 순식간에 도떼기시장 같았다.

그때 이중 주차의 주인이 나타났다. 엉킨 길을 힐끔 보더니 차에 올라타려고 하였다. 그때 진로 곤란으로 화가 나 있던 뒷사람이 차 문을 확 열고 나왔다. "사람이 상황을 이 지경으로 만들어놨으면 적어도 미안하다는 말 한 마디는 해야지, 어디 상식도 없이 그냥 가냐?"라고 발끈했다. 차 문을 열던 사람은 눈은 크게 뜨고 "내 차 가지고 여기에 차를 세우든 말든 그건 내 자유다."라면서 "대한민국이 자유국가인데 내 맘대로 주차도 못하나. 당신이 뭔데 상식이 뭐고 어쩌고 따지냐?"며 더 큰 목소리를 내었다. 그러면서 "바쁘면 당신이 돌아가면 되지, 내가 한 시간을 있었나 하루를 있었나, 고작 몇 분 잠깐 갔다 온 걸 가지고 유난을 떨긴." 하면서 차를 몰고 가버렸다.

잠시의 소란이었지만 차의 얽힘으로 제대로 걸을 수 없고, 경적으로 정신이 혼란스러웠던 시간이었다. 그 상황 속에 있었던 사람들에게는 대단히 불편한 시간이었다.

내 맘대로 하는 것은 자유가 아니다

그날 이 광경을 본 사람들은 대부분 집에 돌아가서 가족이나 주변인에게 그 목격담을 전할 것이다. 우리는 직접 목격한 일이 감동을 주거나 짜증을 주는 등 자신의 감정을 건드리는 일을 오래 기억한다. 때문에 어느 방식으로든 털어내려 한다. 그때 경험한 일이 표면적으로 극명하게 옳고 그름으로 판가름 날 때는 자신의 주관적인 판단을 곁들인다. 누군가에게 경험을 전할 때 자신이 가지고 있는 도덕적인 기준이 적용되는 것이다. 그것은 성찰을 하는 사람의 일반적인 모습이다. 하지만 어떤 경우에는 목격한 일에 대해 옳다 그르다 설명하기 곤란한 경우가 있다. 각자 처한 입장에 따라 옳고 그름이 가려지기 때문이다.

'내 맘이다', '내 자유다'라고 주장하는 이중주차의 장본인과 같이 현대 사회에서 개인의 자유는 절대적인 가치로 여겨지고 있다. 그렇지만 '내 자유가 온전히 나의 것'이 되기 위해서는 여러 조건이 맞아야 한다. 만일 모든 사람들이 자신이 생각하는 대로 행동을 한다면, 이 사회는 자유의 천국이 되는 걸까. 그 천국에서 사는 일은 행복일까? 목격담에서도 보았 듯이, 자유에 대한 자의적 해석은 타인에게 불쾌감은 물론 해를 입힐 소 지가 크다. 몰개성적이면서 획일적인 행위가 진정한 자유인지 생각해봐 야 할 문제이다.

현대를 자유와 개성의 시대라고 한다. 개인의 자유와 권리가 존중되 고, 개인의 관심과 선호가 모든 행위로 이어지는 시대이다. 이런 면에서 개인의 자유는 절대적 가치가 있다. 이쯤에서 생각해본다. 자유란 도대 체 무엇인가.

자유에 대한 논의는 시대와 상황에 따라서 다르게 이해되어왔다. 루소와 디오게네스는 "인간은 자유인으로 태어났으나, 쇠사슬(문명)에 얽매여 있다."라고 하면서 자유를 본래적인 자연의 삶으로 개념화한다. '자연으로 돌아가자.'는 이들의 주장이 바로 자유=자연이 되는 것이다. 특히 고대 그리스 철학자 디오게네스는 자유를 온몸으로 실천한 것으로 유명하다.

그는 집도 없이 들에서 살면서 지혜로운 철학자의 명성을 지녔다. 하루는 알렉산더 대왕이 그를 직접 만나 인재로 등용하려고 찾아갔다. 대왕은 그에게 원하는 것을 모두 들어줄 테니 어서 말을 하라고 주문을 하였다. 그러자 디오게네스는 "당신이 내 앞에 서 있어서 햇빛이 가려지니 얼른 그 자리를 비켜주시오."라면서 소원을 말했다. 그에게 자유는 문명이 발달한 곳에서 사는 것이 아니라 자연 그대로의 삶 속에서 살아가는 것이다.

프랑스 작가이며 사상가인 사르트르에게 자유는 "선택하는 것이 자유"였다. 어떠한 것을 선택할 수도 있고 선택하지 않을 수도 있는데, 그것은 그 사람의 자유로부터 기인한다는 것이다. 그에게 자유는 바로 선택의 자유이다. 또 독일의 철학자 헤겔은 "세계의 역사는 자유에 의해 확장된다."라고 주장한다. 그는 인간의 자유의지에 따라서 국가가 만들어진다고 본다. 역사가 발전하는 목적은 인간의 '자유'를 위한 것이다. 역사의 주역이 정신이라면, 정신의 본질은 바로 '자유'가 되어야 한다는 설명이다.

당시 그는 '미래에 잘 사는 나라는 자유가 더 극대화 되는 사회'일 거라고 내다보았다. 그에게 자유란 국가와 역사가 발전하기 위한 기본이면서 본질인 것이다. 이렇게 자유에 대한 개념은 시대적 상황과 인식의 차이에 따라서 그 정의가 다르다.

하지만 궁금하다. 인간의 삶은 단순하지 않다. 인간은 태어나고, 살고, 죽을 때까지 다양한 환경과 조건을 지닌 과정을 지나야 한다. 그 과정은 복잡하고 다단하다. 그 과정 속에서 자유는 어떻게 활용되어야 진정한 인간을 위한 것이 될까.

이런 고민을 정리한 책이 있다.

영국의 철학자이며 경제학자인 존 스튜어트 밀(1806~1873)이 저술한 『자유론』이다. 밀은 자유는 단순히 외부로부터 속박이 없는 상태만을 가리키는 것이 아니라고 정리한다. 또한 자신이 하고자 하는 바를 적극적으로 할 수 있는 상태만을 의미하는 것도 아니라고 정리한다. 여기에서는 그가 주장하는 자유 중 일부만을 살펴보자.

다수결은 횡포, 개인을 존중하자

사람들이 모여 의견을 수렴하기로 한다. 오는 토요일에 단체 산행을 갈 것인가 말 것인가를 결정하는 일이다. 대다수 사람은 산행을 하는 것을 찬성한다. 산행을 하지 않으면 출근을 해야 하기 때문이다. 하지만 일부 사람들은 반대를 한다. 산행을 좋아하지 않기도 하고 또 할 일을 미룬다면 나중에라도 해야 하기 때문이다. 의견이 하나로 모아지지 않자 누군가 다수결로 정하자고 주장한다. 다수결에 의해 결국 산행을 하는 것으로 결론이 난다.

어디서 많이 본 풍경이다. 우리는 알게 모르게 다수결로 여러 의견을 결정한다. 다수결의 원칙을 의사결정의 수단으로 인정하고, 이를 당연한 것으로 받아들이며 산다. 일단 의결이 결정되면 소수 의견을 낸 사람들도 더 이상 문제를 삼지 않는다. 그것이 가장 민주적인 방법이라고 주장하는 이들도 있다. 하지만 밀은 다수의결로 결정하는 것은 다수의 횡포라고 주장한다. 개인은 사상과 토론의 자유를 존중받고 보장받아야 마땅하기 때문이다.

밀에 의하면, 만일 단 한 사람을 제외한 다수가 동일한 의견이고, 그 한 사람만이 반대 의견을 갖는다 해도, 다수는 그 한 사람에게 침묵을 강요할 권리가 없다. 이는 한 사람이 권력을 장악했을 때, 다수를 침묵하게 할 권리가 없는 것과 마찬가지이기 때문이다. 소수 집단이 다른 생각을 가지고 있다고 해서 이를 배척하면 안 된다. 어쩌면 침묵을 강요당하는 생각이 진리일 가능성도 있으니까. 그러니 누구든지 생각을 충분히 가지고 펼칠 수 있게 하고, 설득과 토론으로 옳고 그름을 가려야 한다. 이러한 방법이 개인의 자유를 존중하는 행위이기 때문이다.

중세시대 천동설을 믿고 지동설을 배격했던 사례를 생각해보면 쉬이 이해가 된다. 당시 시대적 특성은 신이 인간을 만들었고 지구가 우주의 중심이라는 종교적 영향이 컸다. 그 이유도 물론 영향을 미쳤다. 하지만 무엇보다 지동설은 당시 학자, 종교인 등 다수의 인정을 받지 못했다. 현대는 과학적인 근거로 쉽게 설명이 가능한 지동설이지만 그때는 그것을 증명하는 과정이 복잡하고 어려웠기 때문에 납득이 잘 안 갔던 것이다. 하지만 지동설은 옳은 주장이었다. 결과론적으로 한 사람의 의견을 무시할 때, 전체가 틀리고 한 사람이 맞을 수도 있는 것이다.

인간은 매우 불완전한 존재이다. 그래서 자유가 있되, 비판의 자유가 있어야 한다. "만족한 돼지보다 만족하지 못한 인간이 나으며 만족한 바보보다 만족하지 못한 소크라테스가 낫다."라고 밀은 비판적 인식의 중요성을 강조한다. 인간이 행복해지고 싶으면 남을 따라하는 행동으로 만족하면 안 된다. 오로지 자신의 방식인 개성을 통해서 찾아야 한다. 개성은 비판적 자유가 동행할 때 원하는 행복을 가질 수 있다는 것이다. 인간의 만족은 저급한 것이며, 행복은 고급의 기쁨이라고 그는 설명한다.

비판적 자유는 책임이 동반되는 자유이다. 개인은 그가 무엇을 하는가보다는 그가 어떤 특징을 갖는 사람인가가 더 중요하다. 개성은 다양하게 발전되어야 하기 때문이다. 무조건적인 행복이 아니라 다양한 개성을 존중하는 행복을 찾는 것이 바람직한 자유라는 것이다.

밀의 『자유론』은 인간에 대한 깊은 신뢰를 바탕으로 쓰였다. 다양한 영역에 대한 탐구와 개별성을 존중하는 그의 성장 과정이 이를 가능하게 했다. 밀이 살던 영국 사회는 식민지를 넓히고, 공업이 발달한, 돈 있는 이들이 권력을 넓히는 사회 중심 사회였다. 하지만 밀은 앞으로의 사회는 개인이 중심이 되는 사회로 바뀔 것이라고 예측하고, 이때 가장 필요한 것이 '자유'라고 판단했다.

그가 이렇게 미래 사회의 발전 방향을 예단할 수 있었던 것은 어릴 적부터 인문고전을 읽고 그의 부친과 많은 대화와 토론을 하였기 때문이다. 생활 속에 깃든 개인의 자유와 고유성의 중요함을 체험한 것이다. 현대 우리가 살아가는 사회의 여러 규칙과 질서는, 그리고 개인에게 주어지는 자유는 밀의 논리와 밀접하게 연관되어 있다. 우리의 자유도 그의 자유론의 한 줄기인 것이다.

현대의 자유는 이전과 다르게 바뀌고 있다. 사회 발전 성격과 생활 양상의 변화에 따른 변화는 당연한 일이다. 다만 사회가 개인의 자유를 강제하고 통제할 수 없도록, 그리고 나의 자유가 타인에게 해를 끼치지 않도록 합리적이고 바람직한 자유 개념을 정립해야 한다.

06

○

진정한 '나'가 되는 방법을 생각하다
- 루쉰 『아큐정전』 -

어릴 적에 수재 소리를 듣던 한 사람이 있다. 많은 사람들이 그가 성공을 하고 집안을 일으켜 세울 거라고 기대했다. 그는 실제 공부도 잘했고 효도도 잘하는 모범생으로 남녀노소 구별 없이 아끼고 좋아하는 사람이었다.

그런 그가 성년이 되어 큰 도시로 공부하러 올라가면서 변화를 맞이한다. 우연히 한 친구와 친하게 되었고, 그 친구가 술을 좋아하고 노름을 좋아했던 것이다. 처음엔 권유에 못 이겨 술을 몇 번 마셨는데, 술은 별취미가 없어 특별히 찾지는 않았다. 그런데 노름은 그게 아니었다. 처음엔 민화투를 치는 것처럼 보였던 것들이 여러 가지 기술과 방법을 가미하면서 서서히 중독이 되었던 것이다.

결국 중도에 공부를 포기하고, 고향의 전답마저 팔아가며 그 길에서 빠져나오지 못했다. 머리카락이 빠지고 기력을 쇠해지면서 본집으로 돌아온 그 사람은 말끝마다 '내가 왕년에 말이야.'라고 내뱉었다. 그 말은 유행어가 되어 여기저기 난무했다. 사람들은 '그 머리 좋던 사람이 참 안됐다.'라고 하면서도 '여기 왕년 없는 사람이 어디 있어, 이제 정신 좀 차려.'하면서 나무랐다. 얼마 후 그 집이 이사를 갔지만, 어른들은 자주 그 이야기를 입에 담으셨다.

아큐는 바로 나인가?

'왕년'이라는 말은 무언가 묵직한 울림을 주기도 하지만, 어느 때는 열매 떨어진 나무에 매달린 마른 나뭇잎 같은 느낌이 있다. 그 말을 자주 하는 경우는 '지금은 그때보다 못하지만 나 아직 죽지 않았어.'라는 호기를 드러낼 때이다. 지금 여기에 살면서 현실을 바로보지 않고, 과거 어느 순간 속에 갇혀 있는 자신의 모습을 스스로 증명하는 형국이다.

루쉰(1881~1936)이 쓴 『아큐정전』에서 아큐도 바로 그런 인물이다. 루쉰은 중국 성 밖의 한 동네 웨이주앙을 공간적 위치로 설정하고, 1920년이라는 특수한 시간적 위치를 직조한다. 그 안에서 아큐라는 인물을 탄생시켰다.

루쉰은 현대 중국 문학의 아버지로 일컬어지는 작가이다. 그는 작품 『아큐정전』을 신문에 연재하면서 '아큐'를 세상에 소개했다. 당시 신문을 읽던 사람들은 아큐에 대해 흥미를 가지면서도 두려움을 느끼기 시작하였다.

소설에 나오는 아큐라는 인물이 꼭 자신들의 이야기 같았기 때문이었다. 소설 속에서 아큐가 행동하고 말하는 폼이 영락없는 자신들의 모습이라고 여겼다. '나하고 너무 닮은 아큐'를 읽으면서 사람들은 불안했다. 필시 누군가가 나를 지켜보고 있으면서 나를 골탕 먹이려고 하는 거라고 생각했다. 그러면서 이 글을 쓴 이가 누구인지 찾아 나서기도 했다. 루쉰이 이 글을 신문에 연재할 당시 그는 본명을 쓰지 않고 필명을 사용했다. 그래서 신문을 읽은 사람들은 필명의 주인공이 누구인지 몰라 자신의 주변을 더 의심하기도 했다.

신문에 연재되는 소설은 픽션이며 허구의 이야기이다. 당시 중국인들이 가상의 세계를 읽으면서 '주인공이 바로 나와 같다'고 생각한 점이 흥미롭다. 어디를 어떻게 얼마만큼 닮아서 그런 건지 궁금하다. 그리고 작가 루쉰은 왜 이런 인물을 주인공으로 설정한 것인지 알고 싶다.

아큐는 하루하루 날품을 팔아 살아가는 사람이다. 아큐라는 이름도 본명이 아니다. 그는 성과 이름이 없다. 본적도 모른다. 그냥 사람들이 아큐라 불러서 아큐가 된 것이다. 가족도 없다. 혼자 살고 있다. 집도 없어서 동네 사당에 얹혀산다. 직업이 고정적이지 않으니 수입도 고정적이지 않다. 무엇 하나 이렇다 하게 내세울 게 없어 보인다. 그런 인물이 아큐이다.

웨이주앙 사람들은 일손이 부족할 때만 아큐를 찾아와 일을 도와달라고 한다. 또 놀림거리로 삼을 때만 아큐를 다정하게 부른다. 뿐만 아니라 아큐를 치고 때려도 그는 웃으면서 맞기만 하니, 화풀이 대상으로도 적당하다. 그런데 아큐는 자존심이 엄청 세다. 그런 인물이 아큐이다.

중국인들은 이런 외면적인 조건과 모습을 보고 자신과 닮았다고 했을 리가 없다. 그렇다면 무엇을 보고 닮았다고 한 걸까. 아큐가 생각하는 아큐의 모습을 보자.

아큐는 '우리도 전에는 네 놈보다 훨씬 잘 살았어, 웨이주앙에서 가장 높은 집안하고 한 집안이야, 내 아들이 훨씬 잘 살 수 있어.'라는 말을 입에 달고 산다. 이 말 속에 스스로를 가둬놓고 그 안에서 즐거워한다. 물론 동네 사람들은 그 말이 모두 거짓말이고 아큐가 꾸민 말이라는 것을 안다. 이렇게 자신의 모습을 덧칠하고 허황된 삶을 살아가는 이 부분일까. 아무리 그래도 당시 중국인들이 거짓말 일색과 이런 허영심을 자신에게 대입했다는 것도 이해하기는 어렵다.

아큐의 생활은 보잘것없다. 그렇지만 아큐는 늘 즐겁고 편안하게 살아간다. 루쉰은 열악한 개인 사정과 동네 사람들과의 불합리한 관계에서도 아큐가 잘 살아가는 방법을 소개한다. 바로 '정신승리법'이다. 그렇다. 아큐는 자신만의 비밀인 정신구조를 가지고 있다. 자신을 때린 사람에게 화를 내지 않고, 자신을 비웃는 이들에게 응수하지 않는 비결이 바로 정신승리법이다.

이 법은 현실에서는 패배하지만 정신적으로는 승리하는 승리 조작이기도 하다. 정신조작만 할 수 있다면, 자신이 지는 일은 없고 패배하는 일도 없고 오르지 승리만 할 수 있는 것이다. 이 조작법인 정신승리법으로 아큐는 마음의 평화를 유지하고 즐거운 생활을 할 수 있었던 것이다. 바로 이 지점에서 당시 중국인들이 아큐와 자신이 닮았다고 동의하게 된 것이리라.

진정한 '나'의 모습은 무엇인가

루쉰은 아큐의 정신승리법을 통해서 당시 중국 국민성이 지닌 문제점을 드러내고자 하였다. 루쉰이 볼 때 중국 국민들은 아큐와 같은 정신승리법의 속성이 있다.

자신이 처한 현실을 바로 볼 줄 모르고, 오로지 위기만 모면하면서 변화 없이 살아가는 모습이 그렇다. 중국의 신해혁명 전후의 모습을 배경으로 『아큐정전』을 저술하면서 루쉰은 아큐의 삶과 죽음이 중국인들에게 성찰의 기회가 되길 바랐다. 당시 루쉰은 청나라가 망하고 중화민국 정부가 들어섰지만, 아직도 사람들은 봉건적인 사상에 머물러 있다면서, 그 모습이 흡사 '쇠로 만든 방'에 갇힌 이와 같다고 표현하기도 했다. 그 모습은 어떤 모습인 걸까.

아큐의 정신승리법은 먼저 다른 사람을 낮추고 나를 높이는 방법이다. 한 번은 아큐가 길을 가는데 동네 건달들이 부른다. 그러더니 아큐의 머리를 잡고 벽에 찧는다.

하지만 아큐는 화도 내지 않고 '아들 같은 놈한테 한 대 맞았다 치자.' 라면서 자신을 타이른다. 화를 내지 않고 웃으면서 '내가 아들 같은 놈하고 싸워봐야 뭐 하겠어. 내 위신만 깎이지.' 하는 식으로 문제를 호도한다. 나를 때린 사람이 낮고 천한 사람이기 때문에 그런 사람과 대적할 가치가 없다면서 문제 자체를 무시하는 것이다. 아큐가 패배를 정신적으로 조작하는 승리법이다.

다음 정신승리법은, 자신을 낮추어 패배 원인을 망각하는 방법이다. 아큐가 불합리하게 맞아도 대들지 않고, 피하지도 않는 것을 본 동네 건달들은 아큐가 스스로를 이겨내는 정신승리법을 쓴다는 것을 알게 된다. 동네 건달들이 아큐를 불러 더 강도 높게 때리면서 정신승리법을 외쳐보게 한다. 아큐는 자신을 '버러지'라고 칭하면서, '버러지 같은 사람을 때려서 뭐하냐?'고 자신을 낮추고 위기를 모면한다. 내가 스스로 버러지 같은 존재이니 맞아도 괜찮다는 식이다.

또 다른 정신승리법은, 자기가 자신을 비하하는 방법이다. 아큐가 노름을 하게 되었다. 오늘따라 노름이 잘 되어 돈을 많이 땄다. 신이 나서 집에 와 보니 돈이 하나도 없다. 빼앗긴 줄도 모르고 다 빼앗긴 것이다. 그런 생각이 들자 아큐는 자신의 얼굴을 자신이 마구 때린다. 자신을 패배시킨 원인이 자신이니 자신이 자신을 때리는 것이다. 자신이 원인이고 그런 자신을 때렸으니 억울할 것도 화가 날 것도 없는 일이 되어버린다.

마지막으로 쓴 정신승리법은, 강한 사람에게 당하고 약한 사람에게 분풀이하는 방법이다. 어느 날 길을 가다 왕털보를 만난다. 왕털보는 아큐가 자신보다 약하다고 유일하게 생각하는 인물이다. 왕털보가 앉아서 이를 잡는 것을 보고 아큐도 자신의 옷에서 이를 잡기 시작한다. 그런데 이를 잡다보니 왕털보의 이가 자신의 이보다 더 크다. 자존심이 상한 아큐가 괜히 왕털보에게 대들다가 한 대 얻어맞는다. 다시 길을 가다 양놈을 만난다. 양놈에게 대들다 다시 얻어맞는다. 또 다시 길을 가다 비구니를 만난다. 비구니는 아큐를 피해가려고 한다. 하지만 아큐가 길을 막아서고는 얼굴을 이리저리 만진다. 그리고 희롱을 한다. 자신보다 약한 비구니를 희롱하면서 앞서 당한 일들을 분풀이를 한다.

이러한 아큐의 정신승리법을 보면서 당시 중국 사람들은 자신의 이야기라고 생각을 하였다. 내 안의 아큐를 발견하면서 스스로 놀랐던 것이다.

루쉰은 이 글을 연재하면서 당시 중국인들의 사고방식이 바뀌지 않으면, 정치가 바뀌어도 정치하는 사람이 바뀌어도 중국의 현실이 나아지지 않을 거라 생각한다. 아큐를 보면서 스스로 자신의 사고방식, 생각하는 구조, 의식을 바꾸기를 바랐던 것이다.

누구에게나 위기는 닥친다. 중요한 것은 자신이 처해 있는 현실과 그 문제에 직접 대면하지 않으면 그 위기는 극복하기 어렵다는 점이다. 문제를 해결하기 위해서는 문제 속으로 들어가야 한다. 아큐를 바라보던 사람들이 자신의 본 모습을 돌아보길 루쉰은 바랐다. 중요한 것은 성찰이다. 아큐는 성찰의 과정을 갖지 않았다. 항상 불리한 현실에 놓이지만,

그 현실에 적응하고 순응하면서 살아간다. 분노가 없는 노예의식으로 하루하루를 살아가는 모습이 필시 당시 중국인들만의 모습이었을까.

"내가 본 것은 현대 이전에 일어난 일이 아니라, 현대 이후에 일어난 일이거나, 어쩌면 20년 30년 뒤에도 일어날 수 있다."

— 루쉰

07

○

마음은 무엇이고 죽음은 무엇인지를 생각하다
- 나쓰메 소세키 『마음』 -

속담에 '열 길 물속은 알아도 한 길 사람 속은 모른다.'라는 말이 있다. 물속이 아무리 깊어도 들여다보면 그 속이 다 보이지만, 사람의 마음은 도무지 보이지 않아 가까이 지내는 이들조차도 알 수 없다는 것이다. 사람의 마음을 아는 일은 그만큼 어려운 일이다. 설령 안다고 하더라도 그것은 빙산의 일각에 불과하다. 마음이란, 이거다 하고 내보일 수 없을 정도로 복잡하고 다단하다.

최근 본 한 드라마가 있다. 주인공은 의사였지만, 어느 사건에 연루되어 의사 면허를 박탈당하고 변호사가 된다. 그러다 어떤 계기로 다시 의사 면허를 회복한다. 이후 의사와 변호사 역할을 수행하면서, 복수를 완수하고 명예를 회복하게 된다. 이 과정에서 병원 관계자와 외국 로비스트와 법 관련자들이 서로 얽히고설키면서 여러 사건과 사고가 이어진다.

나는 이 드라마를 보면서 외국에서 온 한 남자를 주목하였다. 로비스트가 직업인 것으로 보면 한 회사를 차지하겠다는 야망의 모습은 당연해 보인다. 갖은 수단과 방법을 동원해 목적을 이루려고 하는 것도 다 이해가 간다. 그런데 이 남자는 무언가 다르다. 분명 목표로 삼은 회사를 차지하려는 것 같기는 한데, 어떤 사연이 있는 것 같다. 그런데 그것이 무엇인지 명확하지가 않다. 목표를 위한 투자와 명목이 명확하지만, 시청자가 예상하는 방향으로 흐르지 않는다.

이것은 비단 시청자인 나만의 의문은 아니었다. 극 중에서 그의 사업 파트너도 그 남자의 행동을 이해하지 못한다. 뜻을 모으고 같이 움직이고는 있지만, 무언가 의심스럽다. 그 남자와 같이 일을 추진하는 주인공도 그걸 느낀다. 서로 협력하여 하나의 목표를 향해가는 이들에게도 남자는 자신의 마음을 다 보여주지 않은 것이다.

극이 마무리되면서 남자의 비밀이 드러난다. 로비스트인 남자의 능력을 필요로 했던 한 회사에서 고의로 교통사고를 낸 사건이 있었다. 그 사고로 남자의 어머니가 돌아가시고, 남자는 그 날 급히 그 회사에서 심장 수술을 받았던 것이다. 이를 뒤늦게 알고 남자는 복수를 하기로 마음을 먹는다. 그 자신의 본마음을 가장 깊숙이 숨겨놓는다. 외적 요인에 충실하면서 마음을 감추고 산 남자, 가장 가까이 있는 이에게도 내보일 수 없는 마음은 복수심 이전에 깊은 상처이다.

상처가 많은 사람은 마음을 드러내는 것이 어렵다. 드러낸 그 마음이 다시 상처를 입을지도 모른다는 불안이 있고, 자존감이 낮아져 용기를 내기가 어렵다. 사람마다 마음의 그릇은 자신의 의도만으로 만들 수는 없다. 그렇다 해도 그 마음은 자신의 것이다.

사람과 사람 사이에 마음이 있다

사람과 사람 사이를 잇는 것은 '마음'이다. 마음이 어떻게 작용하고 어떤 기조로 이루어지는지 섬세하게 제시한 작품이 있다. 일본의 문호 나쓰메 소세키(1867~1916)의 『마음』이 그 책이다. 사람의 마음을 이해하는 관점이 다양하다는 것과 다른 사람의 마음을 통해서 내 마음을 성찰하고자 하는 이들이 읽으면 도움을 받을 수 있는 내용이다.

나쓰메 소세키는 일본에서 모르는 사람이 없을 정도로 유명한 작가이다. 작품 『마음』은 국정 교과서에 오래 실려서 일본 국민들은 그 내용을 대부분 알고 있다. 1914년에 처음 소개된 이 작품은 출간 후 100년이 지난 2014년에 〈아사히 신문〉에서 다시 연재했을 정도로 그 인기가 높다.

그는 지난 2003년까지 천 엔 지폐의 주인공이기도 했으니, 일본인이 소세키와 그의 작품을 사랑하는 마음은 가히 유별하다.

소세키가 살았던 당시 일본은 메이지 시대였다. 이 시대는 일본이 정치, 경제, 문화 등 전 분야에 걸쳐 근대화를 이루고자 한 시기였다. 일본 정부는 자국의 전망 있는 젊은이들을 해외 선진국으로 유학을 보내 선진 문물을 익히는 기회를 제공하였다. 외국 문물을 발판으로 선진국으로 도약하고자 진행한 프로젝트였다. 소세키도 이때 영국으로 가서 국비 장학생으로 2년간 공부를 하였다. 그런데 유럽권의 선진문명은 근대화를 이루려는 시기의 일본인 소세키에게 그다지 우호적이지 않았다. 소세키는 영국에서 공부하는 동안 열등감과 고독감에 싸여 지냈다. 이 시기의 고뇌가 이후 소세키 문학의 근본사상을 구축하는 계기가 되었다. 유학에서 돌아온 소세키가 몇 번의 직장 생활을 접고 전업 작가가 되어 작품에만 몰두하게 된 이유도 당시 구축한 문학관의 영향이라 할 수 있다.

소세키는 메이지 시대의 윤리와 가치에 대해 고민이 많았다. 특히 근대인들에게서 보이는 이기심에 주목하였다. 그들의 내면이란 어떻게 생긴 것인지, 어떻게 해서 이기심은 발현되는 것인지, 이기심의 발현이 인간에게 어떤 영향을 끼치는지, 그 영향은 정당한 것인지 등을 고뇌하면서 작품 『마음』을 저술하였다.

소세키의 『마음』은 전체 3부로 구성되어 있다. 「선생님과 나」, 「부모님과 나」, 「선생님의 유서」이다. '나'를 서술자로 삼은 이 작품은 '선생님'의 이야기가 중심이다.

메이지 시대의 근대성을 엿볼 수 있는 장면이 작품 서두에 있다. '나'가 '선생님'과 처음 인연을 맺은 곳은 가마쿠라 해변이다. 이 해수욕장은 익명의 사람들이 몰려드는 개방된 공간이다. 당시 불특정 다수에게 자신의 신체를 노출시키는 곳이라는 공간적 설정은 매우 이례적이면서 근대성으로 향하는 일본의 변화를 짐작하게 한다. 거기에서 나와 선생님과의 인연은 시작된다. 나는 동경대학생인 신진지식인이고 선생님은 동경대학을 졸업한 구지식인이다. 나는 선생님이 서양 사람과 이야기하는 것을 보고 선생님과의 인연을 고의로 만든다.

이 인연은 도쿄로 돌아와서도 계속 이어진다. 무엇보다 나의 노력이 있었다. 선생님과 친하게 지내고 싶었던 나는 자주 선생님 댁을 방문한다. 그런데 선생님은 지식인인데도 불구하고 직업이 없다. 경제활동을 전혀 하지 않는 실업자이다. 그리고 표정은 늘 밝지가 않다. 나는 선생님의 그늘과 내면세계에 호기심을 가지고 그 연유를 알기 위해 몇 차례 물어본다. 하지만 선생님은 쉽게 마음을 열지 않는다.

그러던 차에 나의 부모님의 위장병이 악화되어 위독하다는 연락을 받고 나는 고향으로 내려간다. 그때 메이지 천황이 병석에 들었다는 소식도 듣는다. 이후 천황이 서거하자 나의 아버지는 충격을 받고 생명의 위기를 맞는다. 온 가족이 아버지의 임종을 지키기 위해 모였을 때 나는 선생님으로부터 한 통의 편지를 받는다. 이 편지가 선생님의 유서라는 것을 알고 바로 기차를 탄다.

내 마음의 주인은 바로 '나'

소세키의 이야기는 「선생님의 유서」에 집약돼 있다. 마음의 작용이 일어나는 과정이 고백의 형식으로 진행된다. 나는 기차를 타고 도쿄로 오면서 편지를 읽는다.

선생님은 원래 자산가의 외아들이지만 일찍 부모를 잃는다. 그의 재산 관리는 숙부가 맡아서 한다. 하지만 선생님은 숙부가 재산을 탕진하고 자신을 속였다는 것을 알고부터 인간에 대해 불신하기 시작한다. 그러면서 '나는 그런 숙부와는 다르다'고 생각하면서 지낸다. 고향과 인연을 끊은 선생님은 도쿄에서 하숙을 하게 된다. 그곳에서 하숙집 딸 시즈를 알게 된다. 이때 고향 친구이자 같은 학교에 다니는 K가 가족과의 불화로 고뇌에 빠져 있는 것을 알게 된다. 선생님은 친구를 이 하숙집으로 데려온다. 그러던 어느 날 친구 K로부터 자신이 하숙집 딸 시즈를 사랑한다는 고백을 받는다. 이때 선생님은 추악한 이기심을 드러낸다. 친구와 상의 한마디 없이 하숙집 주인에게 시즈와 결혼하겠다고 선언한 것이다. 이 일이 있고 며칠 후 친구 K가 자살을 한다.

선생님은 K가 자살을 했다는 사실보다는 자신의 이기심으로 남을 속인 그 행태에 더 큰 충격을 받았다. 예전에 숙부가 자신을 속인 행위나, 지금 친구를 속인 선생님의 행위가 별반 다르지 않은 사람이라는 것을 뒤늦게 깨달은 것이다. 친구를 속이고 시즈와 결혼을 했지만 자식을 낳을 수 없었고 웃으며 살 수 없었던 그간의 마음을 편지에 담은 것이다.

선생님은 편지를 유서로 남기고 자결을 한다. 그것이 속죄의 길이라고 생각한 것이다. 소설에는 천황의 죽음으로 자결의 계기가 마련된다. 소세키는 『유리문 안에서』에서 자살을 "인간으로서 도달할 수 있는 최고지고의 상태"라고 밝힌다. 자결을 고귀하다고 여긴 것이다. 이는 당시 일본의 근대 이전부터 내려오는 정신과 연결된 사고로 당대 일본 문화의 단면이다.

우리는 시대의 특수성을 배경으로 『마음』 속의 죽음을 이해할 수 있다. 선생님이 살았던 시대는 시대가 추구하는 정신이 우선이었다. 시대의 정신을 위배했을 때 개인은 언제든 희생되어야 하는 것이 옳다고 주장하는 시대였다. 그런 의미에서 선생님이 느끼는 죄책감은 매우 엄격한 당대의 윤리관에서 비롯된 자기반성인 것이다.

즉 선생님의 마음속 깊이 숨어 있던 양심이 죄책감을 불러내고 그 양심이 삶의 자세를 결정하고, 또 고독한 생으로 내몰았던 것이다. 그 양심은 선생님의 자아이면서 내면이고 또 마음이었다.

소세키는 『마음』을 통해 사람의 마음이 어떻게 생겨나고 또 어떻게 느낌으로 다가오며 어떻게 변하는지, 그것이 어떤 모습으로 우리를 내모는지 구체적이고 사실적으로 보여준다. 그가 서술한 마음의 서사를 통해 마음이 작동하는 원리를 잘 파악한다면, 우리는 우리의 곤경을 지혜롭게 헤쳐 나갈 수 있을 것이다. 그리고 꼭 새겨야 할 일이 있다. 인간의 생명은 존엄 그 자체라는 것이다. 스스로 자신에 대한 존엄과 가치를 부여하여 그 가치를 지향해야 한다. 내 마음의 주인은 바로 '나'이다.

돈의 가치는 어디에 있는가를 생각하다
- 셰익스피어 『베니스의 상인』 -

고등학교 시절 집으로 가는 버스를 타면 동네 어른들도 보따리를 한 덩이씩 머리에 이고 탔다. 그 안에는 낮에 곡물을 시장에 내다 팔고 그 돈으로 산 살림도구나 식구들 옷, 신발 등이 들어 있었다. 낮에 타는 버스보다 저녁에 타는 버스가 그래도 한가한 편이었다. 낮에는 갖가지 물품이 든 보따리를 한 사람이 몇 개씩 들고 타서, 사람보다는 보따리가 더 많을 수밖에 없었다. 버스 기사도 그러려니 하고 반갑게 맞아주던 시절이었다.

예전 시골은 현금이 늘 부족했다. 그나마 시장에 다녀온 후에는 현금이 마련돼 나름 동네가 순조로웠다. 하지만 학생을 둔 집안은 늘 비상이었다. 이와 관련하여 시골 아침은 웃지 못할 풍경이 펼쳐지곤 하였다. 아침이면 몇몇 엄마는 이웃에 가서 살짝 돈을 빌렸다. 많이는 아니었다. 대부분 몇 천 원 정도였다. 당시의 몇 천 원은 지금의 몇 만 원하고 비슷할 것 같다. 아무튼 학생들은 학용품, 참고서, 체육복, 회비 등 온갖 명목으로 돈이 필요했다. 엄마를 조르면 엄마가 이웃으로 달려가서 구해오는 풍경. 현금보다 곡물류가 더 많으니 일단 돈을 빌리고 나중에 시장에 가서 현금을 마련하면 갚는 식으로 반복되었다.

생각해보면 그때 엄마들은 그 아침이 정말 싫었을 것 같다. 지금도 그렇지만 남에게 돈을 빌리는 일은 여러모로 마땅찮은 일이다. 그럼에도 자식을 위해 자존심이나 부끄러움을 모두 내려놓고 엄마들은 이웃으로 달려가길 마다하지 않으셨다.

이자를 받아서는 안 된다고?

현대는 은행이 돈을 빌려준다. 은행은 채권자와 채무자의 관계를 주요 기능으로 운영한다. 사회적으로 시스템화 되어 누구나 그 안에서 거래하는 것에 이의를 제기하지 않는다. 은행은 필요에 따라 보유한 현금보다 더 많은 채권을 발급하기도 한다. 통화 공급을 확대하고 장기 투자금을 확보하기 위함이다. 이것은 신용을 담보하면서 산업과 교역을 활발하게 한다. 하지만 여기에는 예기치 못한 사태가 일어나기도 한다. 신용은 불량이 되고 돈을 빌려간 이들이 갚을 수 없어 기어이 파탄을 맞이하는 경우가 발생하기도 한다. 사람이 하는 일은 늘 완벽할 수 없다. 그래도 은행은 안전하게 많은 사람들이 돈을 맡기고 빌릴 수 있도록 그 기능을 담당하고 있다.

그런데 돈을 빌려주고 이자를 받는 일이 죄악시 되던 때도 있었다.

"너는 그에게 이자를 위하여 돈을 꾸어주지 말고, 이익을 위하여 네 양식을 꾸어주지 말라."

― 구약성서, 레위기 25장 37절

"아무것도 바라지 말고 꾸어주라."

― 신약성서, 누가복음 6장 35절

종교를 모든 생활의 중심에 두었던 중세 시대에는 은행이란 개념 자체가 없었다. 그리고 돈에 이자를 붙여서 빌려주는 일을 금했다. 돈을 통해 이자를 취하는 것은 경제적 약자를 이용하고 착취하는 악덕행위라고 판단했다. 고리대금업을 뜻하는 단어 'usury'는 원래 비싼 이자만을 지칭하는 것이 아니었다. 이자율이 높고 낮은 것과 무관하고, 모든 돈에 붙는 이자를 가리켰다. 유럽에서 이 말이 갖는 의미는 어떤 경우에도 이자를 받아서는 안 된다는 것이다.

그런데 중세시대의 작품인 셰익스피어의 『베니스의 상인』(1596~1597년 집필)에는 고리대금이라는 단어가 표현되어 있다. 그것도 직업으로의 고리대금업이다. 앞에서 살펴본 당시의 사정으로 볼 때, 이것은 분명히 죄악시 되는 행위인데, 어째서 셰익스피어는 이 표현을 정확하게 서술했을까. 셰익스피어가 생각하는 고리대금업이란 무엇이었을까.

『베니스의 상인』에서 샤일록은 유대인이며 지독한 고리대금업자이다. 셰익스피어는 그를 '피도 눈물도 없고, 돈만 아는 사람'으로 신랄하게 비난한다. 그밖에 '악마', '들개', '늑대' 등으로 지칭하기도 한다. 유대인을 악마, 동물 등과 같은 이미지로 배치해놓고, 기독교인들의 피와 땀을 뜯어먹는 짐승 같은 존재로 부각시킨다. 그가 이렇게 샤일록에 대해 비판 일색으로 표현하게 된 배경은 단순히 그의 문제라기보다는, 중세 시기 기독교와 그리스 철학이 갖고 있는 유대인과 고리대금업에 대한 생각에서 그 원인을 찾을 수 있다.

셰익스피어의 작품이 세상에 나오기 전인 1139년, 교황은 고리대금업을 법으로 금지했다. 하느님의 뜻에 위배되는 죄악의 행위라고 판단했다.

하지만 시대는 상업이 발달하면서 고리대금업 같은 금융거래가 점점 활발해지고 더 필요해지는 사회로 변하고 있었다. 이에 황제나 국왕은 어느 정도 묵인하는 형태를 보였다. 즉 교회에서 고육지책으로 해결방안을 내놓은 것을 묵시적으로 인정한 것이다. 그 방법은 유대인에게 고리대금업이라는 악역을 맡게 한 것이다. 그것도 구약성경의 다음 구절을 교묘히 이용해서.

"타국인에게 네가 꾸어주면 이자를 받아도 되거니와 네 형제에게 꾸어주거든 이자를 받지 말라"

— 구약성서, 신명기 23장 20절

교황 니콜라스 5세는 유대인들로 하여금 고리대금을 하도록 허용하면서 '예수를 팔아먹고 처형한 유대인, 영원히 저주받을 족속인 유대인'이라는 표현을 사용하였다.

이 말은 고리대금업 같은 사악한 직업으로부터 기독교인을 지켜내겠다는 의지로 전달되었다. 이런 이유를 차치하고, 유럽 사회에서 외톨이이고 국외자였던 유대인은 이 일을 계기로 고리대금업에 종사할 수 있게 되었다. 그러면서 고리대금업에 종사하는 유대인들은 끊임없이 박해와 시달림을 당했다.

셰익스피어는 『베니스의 상인』을 통해 유대인과 고리대금업자들이 대중에게 어떻게 인식되길 원했던 걸까. 이 작품은 셰익스피어의 희극 중 가장 널리 알려진 희극이다. 이탈리아의 베네치아가 공간적 배경이다. 베니스의 상인은 주인공 안토니오를 일컫는다.

안토니오는 친구 베사니오가 사랑하는 여인 포샤에게 구혼하기 위해 돈이 필요하다는 것을 알게 된다. 하지만 안토니오의 재산이 모두 바다에 있어서 현금을 동원할 수 없었다. 이런 사정으로 안토니오는 유대인이며 고리대금업자인 샤일록에게 돈을 빌린다. 정해진 기간 안에 갚는 조건으로 3000다켓의 돈을 빌린다. 약속을 지키지 못하면 안토니오의 살 1파운드를 베어간다는 단서가 붙는다. 이 살 1파운드는 심장에서 가장 가까운 부위를 의미한다.

샤일록은 안토니오가 유대인을 박해하고 멸시하며, 또한 무이자로 돈을 빌려주던 그간의 행위로 인해 자신이 곤혹을 치른 것에 불만이 많았다. 그는 이번 거래를 복수의 기회로 삼은 것이다.

베사니오는 안토니오의 도움으로 포샤에게 청혼을 하고, 그녀의 사랑을 얻는다. 하지만 안토니오의 사정은 급변한다. 그의 배가 바다 한가운데서 사고를 당해 그는 파산에 이르고, 샤일록과의 약속은 지켜지지 못한다. 증오와 분노로 가득한 샤일록은 법정을 통해 안토니오의 살을 정당하게 베려 한다. 그때 이 소식을 들은 베사니오의 애인 포샤가 재판관으로 분장하여 나타난다. 포샤는 안토니오에게 자비를 베풀 것을 요구하지만 이를 거부하는 샤일록. 결국 포샤의 판결은 그녀가 지혜의 여인이라 지칭될 만한 내용이었다. 바로 '살을 베어가되 피 한 방울도 가져가면 안 된다.'는 것이다. 이로써 샤일록은 오히려 살인 혐의를 받고 재산까지 몰수당하는 위기를 맞는다. 결국 유대교에서 기독교로 개종을 약속한 후에야 제자리를 지킬 수 있게 된 샤일록이었다.

셰익스피어는 이 이야기에 등장하는 샤일록을 통해 대중들에게 유대인과 고리대금업자에 대한 혐오감을 심어주고, 이들에 대한 증오심을 증폭시켰다.

『베니스의 상인』에서 베니스는 경제적 힘이 팽팽하게 유지되는 공간이다. 바로 샤일록과 안토니오의 힘 대결이다. 샤일록의 고리대금업과 안토니오의 상인으로서의 생활이 이 공간 안에서 서로 긴장 관계를 유지한다. 샤일록은 고리대금업을 통해 이자를 받고 물질적으로 풍요로운 경제력을 갖춘 인물이다. 안토니오는 기독교인들의 존경을 받으면서 이자를 받지 않는 조건으로 돈이 필요한 이들에게 순수하게 빌려주는 인물이다. 이자 없이 돈을 빌려주는 자를 경멸하는 인물과 이자놀이를 하는 자를 경멸하는 인물의 대립은 모두 베니스라는 공간에서 '돈'을 중심에 두고 벌이는 힘의 대결이었다.

샤일록이 믿는 것은 법과 물질이다. 이곳에 힘이 있다고 믿는다. 안토니오는 이타성이 가장 큰 힘이라고 믿는다. 물론 이야기의 흐름은 작가 셰익스피어가 영국인이라는 점과 기독인이라는 점에 의해 그리고 사회의 윤리성에 기대, 안토니오의 이타성에 집중한다.

우리는 이쯤에서 스스로에게 물어야 한다. 오늘날의 자본은 샤일록의 방식으로도 안토니오의 방식으로도 통용되지 않는다. 자본과 물질이 많은 부분에서 중요한 역할을 하는 것은 사실이지만, 내가 생각하는 돈이란 무엇인지, 돈의 윤리는 무엇인지, 자본의 윤리는 무엇인지에 대한 물음을 통해 스스로 답을 얻어야 한다. 자본주의 사회에서 돈은 중요한 요소이지만 돈이 전부가 되어서는 안 되는 것이 우리의 삶이니까.

09

○

진정 현대인은 물질문명의 노예인가를 생각하다
- 카프카 『변신』 -

스무 살이 되자마자 출가를 한 친구가 있다. 그의 결단은 어린 시절부터 다져온 다짐에 기인한다. 친구는 그림을 그리며 사는 게 꿈이었다. 하지만 남아선호사상이 강한 가정 분위기로 인해 그 꿈은 엄두도 내지 못했다. 친구는 초등학교에 다닐 때 처음 그림으로 우수상을 받았다. 너무 좋아서 학교에서 집까지 근 1시간의 거리를 쉬지 않고 달려갔다. 집에 와보니 아무도 없었다. 마침 배가 고파 부엌을 뒤지던 중 제과 빵이 있었다. 친구는 그것을 먹으면서 엄마를 기다렸다.

저녁을 짓기 위해 일터에서 돌아온 엄마는 친구가 상을 받았다는 소식에도 별 반응을 보이지 않았다. 저녁을 지어야 하는데 늦었다면서 심부름을 보냈다. 친구는 '저녁을 먹으면서 다시 이야기하지 뭐' 하며, 즐거운 마음으로 심부름을 마쳤다. 집에 돌아와 얼마 되지 않아서였다. 갑자기 그의 엄마가 친구를 부르더니 여기 있던 빵을 어떻게 했는지 물었다. 친구는 배가 고파서 먹었다고 했다. 그랬더니 그의 엄마는 그건 '니 오빠를 주려고 사놓은 건데, 계집애가 그걸 홀딱 먹어버려서 어떡하냐?'라면서 노발대발 하셨다.

친구는 그날 끝내 상장을 내밀지 못했다. 이후 그림으로 받은 상이 늘었다. 고등학생 때의 일이다. 어느 날 책상에서 상장을 발견한 아버지가 그를 불러 세웠다. 이제 그림을 그리지 말라는 주문을 하셨다. 학교에서 그리는 그림도 잘 그리지 말라는 거였다. 다시는 대회에 나가면 안 된다면서 만일 상을 타오면 학교를 다니지 못하게 하겠다는 엄포도 놓았다. '니 오빠를 대학에 보내야 하니까 너는 졸업하자마자 취직할 생각이나 하라'며 다 집안 잘되라고 그러는 거니까 말 들으라고 덧붙였다.

그의 아버지는 집 짓는 사람들을 따라 다니며 일을 하신다. 노동은 많아도 수입이 그리 크지 않아 일거리가 있는 곳이면 어디든 달려가신다. 일벌레처럼 전국으로 다니시며 일을 하시기 때문에 자주 만나지도 못한다. 그날도 며칠 만에 집에 오신 거였다. 친구는 그런 아버지가 야속했지만, 그보다는 돈 벌러 다니라는 말씀이 더 큰 상처가 되었다.

친구가 출가를 하고 몇 해가 지난 뒤 우연히 문화센터에서 만났을 때 들려준 이야기이다. 나는 늘 밝고 적극적이었던 그의 성격 뒤에 가려진 그늘을 그날 처음 알게 되었다. 출가를 삶의 도피처로 삼아야만 했던 친구의 결단은, 조금 더 인간답게 살고 싶은 욕구에 의한 것이었다. 지금은 마음의 평온을 얻어서 그 안에서 다시 그림을 그리기 시작했다고 한다.

잘못 휘두른 권력은 천 년 동안 사람을 묶어놓는다

어린 자식에게 가정은 세계의 전부이다. 그 세계를 통해 살아가는 방법을 익힌다. 그 세계와 조화를 이루면서 살아가는 사람은 성격도 밝고 어떤 일에도 긍정적으로 대하는 경우가 많다. 하지만 그 세계와 불화하면서 살아가는 사람은 소극적이면서 부정적인 경우가 있다. 그렇다고 그 세계는 선택을 할 수 있는 영역이 아니다. 그 세계 역시 자신이 원하는 이를 가족으로 둘 수도 없다. 서로 운명처럼 주어지는 삶이 그 세계의 규칙이다.

그 세계와의 불화를 그리면서, 인간답게 산다는 게 무엇인지 진지하게 묻는 작품이 있다. 체코의 작가 프란츠 카프카(1883~1924)가 쓴 『변신』이다. 그의 작품은 일찍이 번역을 통해 우리에게 소개되고 있다. 그 줄거리가 특이해서 한 번 읽은 사람은 잘 잊지 못한다. 많은 작가들은 자신의 경험을 작품에 반영하기도 한다. 카프카의 경우도 자신의 경험이 작품에 반영된 경우가 많다. 『변신』 역시 마찬가지다.

카프카의 문학을 두고 '권력에 맞서는 형식의 글쓰기'라고 한다. 카프카는 『아버지께 드리는 편지』에서 권력의 실체를 밝힌다. 그는 바로 아버지이다. 한번은 이런 일이 있었다. 카프카가 어렸을 때 물이 마시고 싶어 칭얼거린 경험이 있다. 그것을 본 그의 아버지는 조용히 하고 그냥 자라면서 화를 내신다. 어린 카프카는 물을 마시고 싶은 것을 참을 수 없어 계속 칭얼거리기만 한다. 그러자 아버지가 그의 침대로 오더니 그를 발코니로 데리고 나간다. 그때 그는 잠옷을 입은 상태였다. 아버지는 베란다에 그를 세워놓고 안에서 문을 잠가버린다. 책에서 카프카는 "그 뒤로 나는 상당히 복종하는 아이가 되었다. … 나를 침대에서 끌어내 발코니로 내쫓는 공상에 계속해서 시달렸다."라고 술회한다.

아버지는 가부장적이고 폭력적이었다. 아버지는 장사를 하면서 어느 정도 성공을 거둔 사람이었다. 아버지는 가계를 대표하는 인물인데 아들인 카프카를 적대했다. 아버지와의 불화에 시달림을 당하던 그가 1912년 11월 27일에 시작하여 27일 만에 하나의 작품을 완성한다. 그것이 소설 『변신』이다. 이는 외면적으로는 가부장적인 폭력에 의해 탄생한 작품인 것이다. 하지만 깊이 들여다보면 아버지의 장사를 돕지 않는 아들에 대한 미움에 의해 탄생한 작품이다. 실제 그의 아버지가 카프카를 적대시한 가장 큰 이유는 자신의 일을 돕지 않고 글만 쓰는 아들의 모습에 있었다.

자기 삶의 주인이 되어 일을 하자

"어느 날 아침 불안한 꿈에서 깨어났을 때, 그는 침대에서 거대한 해충으로 변해 있는 자신의 모습을 발견했다."

소설 『변신』은 이렇게 시작한다. 이 문장은 소설 창작자들에게 가장 인상 깊으면서도 유명한 문장으로 기억되고 있다.

주인공 그레고르 잠자는 외판원이다. 날마다 과중한 업무에 시달린다. 어느 날 잠에서 깨어난 잠자는 자신의 몸이 해충이 되어 있는 것을 발견한다. 독자들은 이 부분에서 충격을 받는다. 하지만 잠자 자신은 큰 충격을 받지 않는다. 당장 기차를 타고 출근할 생각으로 가득하다. 처음에 잠자는 '나에게 무슨 일이 일어난 거지?'라면서 잠시 어리둥절해하지만 이것이 꿈이 아니라는 것을 확인하고는 "조금만 더 자면 이런 우스꽝스러운 일들은 잊게 되겠지."라면서 무심하게 여긴다.

잠자는 일벌레이다. 늘 일에 시달린다. 일을 하지 않는 아버지 대신 일을 하면서 가정을 책임진다. 또 아버지의 빚을 짊어지고 산다. 가족들은 그런 잠자에게 의지하면서 산다. 그의 경제력이 온 가족을 먹여 살리는 것이다. 그런데 지금 잠자는 해충이 되었다. 해충이 된 몸으로 움직여 출근을 하려고 한다. 지각하지 않게 기차를 타려고 한다. 가족들에게 자신의 의사를 알리려고 노력을 하지만 안 된다. 이제 가족들은 잠자를 더 이상 자신들의 생계를 책임질 사람으로 여기지 않는다. 쓸모없는 사람으로 치부한다. 그러면서 세 식구는 스스로 일을 찾아 나선다. 하지만 잠자는 가족들과 소통하고 그들의 일원이 되고 싶어 한다. 이러한 불협화는 결국 아버지가 던진 사과에 맞고 상처를 깊게 받는 결과를 낳는다. 그리고 잠자는 얼마 후 숨을 거둔다.

이 소설을 읽으면서 '잠자는 왜 해충으로 변신을 했는가?'라고 질문을 하게 된다. 그는 일벌레다. 우리가 '일벌레 같은 인간'이라고 할 때는 목적이 무엇인지 모르고 일에 중독되어 기계적인 삶을 살아가는 이를 일컫는다. 잠자가 바로 그런 인물이라 할 수 있다. 잠자는 자신이 가족을 부양하는 것을 당연하게 받아들인다. 가족을 위해서는 희생을 하는 일이 마땅하다는 것이다. 하지만 생각해보자. 그것이 과연 자신을 위하고 가족을 위하는 일일까. 소설 속에서 잠자가 해충으로 변했을 때 가족들은 어떻게 변신을 했는가. 자신들의 생계를 해결하기 위해 각자 일을 찾았고, 돈을 벌기 시작했다. 오히려 가족들은 활기를 되찾고 생동감 있게 생활한다.

가족을 위해 누구 한 사람이 희생하는 일은 오히려 가족을 무기력에 빠뜨리는 일이 된다. 잠자가 아무리 잠을 자지 않으면서 일을 하고, 밥을 걸러 가면서 뛰어다녔다 해도 그것은 자신뿐 아니라 가족 누구에게도 이득이 안 되는 것이었다.

카프카는 우리가 왜 일을 해야 하고, 돈을 벌어야 하는지 진지하게 성찰할 것을 요구한다. 자본주의 사회에서 사람은 경제적 활동을 해야 한다. 그런데 사람이 해충으로 변신을 한다는 것은 사회적인 의무를 벗어나는 것을 의미한다. 잠자가 해충으로 변신하면서 가장의 역할에 마침표를 찍은 것은 가장의 의무와 책임이란 물질이 아닌 인간애에 있다는 것을 되새기는 표식이었다.

가정은 부모 형제들이 자신의 삶을 살아갈 수 있도록 가장 큰 지원과 응원을 해주는 장소이다. 누구 한 사람의 희생을 통해서 다른 가족들이 잘 살아가는 일은 불합리하다는 사실을 카프카는 깨닫게 한다. 특히 어른의 역할은 어른이라는 권력을 어리고 약한 자녀에게 사용하는 것에 있지 않다. 잘못된 권력은 아버지가 던진 사과에 맞아, 잠자가 죽임을 당하듯, 큰 희생만을 부른다.

소설『변신』은 독자에게 자기 삶의 주인이 될 것을 요구한다. 타인의 시선에 맞추어진 삶이야말로 소외의 원인인 것이다. 가족을 부양한다는 책임으로 일의 노예가 된다거나 주변의 시선 때문에 자신의 목소리를 내지 못 하는 일은 '나의 삶'이라는 가치를 상실한 행동인 것이다.

카프카는 잠자가 자신이 살아가는 실존의 의미를 스스로 생각하지 않았다는 것과 가정의 경제적 문제를 가족들과 의논하고 함께 해결해가려는 노력을 하지 않은 점과 자신이 모든 책임을 져야 한다는 잘못된 희생정신이 그를 결국 '해충'이라는 벌레로 살게 하였다는 것을 보여준다.

현대 사회는 모든 가치를 경제적 가치로 바꾸어 생각하는 자본주의 사회이다. 현실은 동화도 아니고 소설 속의 세계도 아니다. 우리는 소설 『변신』에서 우리 사회의 자화상을 발견한다. 자본주의의 본질적인 문제는 경제 논리와 이해관계가 가족을 해체하고 사회의 균열을 내는 원인을 제공한다는 데 있다. 사회에서 일어나는 대다수 사건 사고는 모두 돈과 연결되어 있다. 인간의 가치가 물질화되어가는 사회의 흐름을 한 순간에 막을 수는 없다. 하지만 이 흐름이 올바른 방향으로 갈 수 있도록 관심을 가지고 행동으로 옮길 수는 있다. 그것이 카프카가 제시한 '인간답게 살 수 있는 방법'일 것이다.

PART 4

○

인문고전 읽기가 진짜
자기계발이다

01

○

독서는 나를 긍정하는
주도적인 삶의 실천

독서하는 시간을 나는 즐기는 편이다. 독서를 하는 동안은 다른 생각을 잘 하지 않는다. 그때는 끌어안고 있던 고민들도 사라진다. 그런데 어느 날부턴가 독서를 하면서 다른 생각을 하는 내 모습을 보게 되었다. 읽었던 문장을 다시 읽길 다섯 번 한 적도 있다. 정신을 차리고 다시 읽다가도 어느 사이 딴 생각에 길을 잃고 있었다. 또 고민이 있을 때 독서를 하면 아무 글자도 들어오지 않았다.

어린 시절의 독서와 사춘기를 보내고 난 이후, 나의 독서습관은 이렇게 달라졌다. 독서를 통한 이해와 감동이 달라지면서 나도 모르게 독서에 대한 회의를 가지기도 했다. 분명 독서가 아니라 나 자신에게 있는 문제였음에도, 책 자체에 책임을 돌리기도 했다. 생활을 잘 못하고 있다는 반증이었다. 나의 20대는 외부에서 보면 늘 불만이 많은 사람이고, 무언가에 화가 나 있는 사람이었다. 그런 시간을 보내면서 나는 나 자신이 부정적인 사람이 되어가는 줄 몰랐다.

사람이 성장하는 일은 세상의 고민과 문제에 눈을 뜨는 일이다. 나 중심에서 타인의 세계로, 그리고 세계의 상황 속으로 들어가면서 알게 되는 문제를 같이 고민하는 일이다. 예전에는 관심조차 두지 않았던 환경 문제의 심각성을 알게 되면서 쓰레기 분리수거에 신경을 쓰고, 더위를 못 참아 에어컨을 켜는 습관이 지구 온난화의 원인이 되고 있음을 알게 되면서 생활의 절제와 절약을 실천하려는 노력들은 모두 성장의 모습이다.

이 성장은 건강하다. 세상의 모든 사람들이 정신적으로 육체적으로 건강하다면 무엇이 문제가 될까. 하지만 안타깝게도 사람들은 생각보다 정신건강이 약하다. 뉴스 등으로 알게 되는 이웃 간의 불화 문제 등도 모두 정신이 건강하지 않아 발생하는 일이다. 학교에서 직장에서 그 밖의 모임 등에서 사람을 외면하고 고립시키는 문제들도 모두 정신이 건강하지 않다는 것을 보여주는 일이다. 그럼에도 우리는 '나는 괜찮다'는 생각을 하고 있다. '나는 아무 문제 없고, 너는 문제가 조금 있다'는 사고방식이

고착되면 그것은 개인의 문제가 아니라 사회의 문제가 된다. 나는 사회 속에서의 나이며, 사회는 나의 존재로 가능한 사회이다. 나와 사회는 단독자가 아니라 상호성에 의해 생존 가능한 상생의 관계이다.

당신의 꿈은 무엇인가

사회생활 초년 시기에 선배의 의뢰를 받아 글을 쓴 일이 있다. 한 회사에서 발행하는 사보 편집자인 선배는 가끔 나에게 르포기사를 부탁했다. 주로 인터뷰나 지방에 있는 지역 탐방을 중심으로 한 글이었으나, 그날의 주문은 조금 달랐다.

당시 우리 사회에 외국에서 공부하고 국내로 들어온 지식인들로부터 '치유'의 개념이 번지기 시작했다. 의료로써 치료하는 것이 아니라, 예술로써 치유하는 심리치료 개념이었다. 그때는 이 심리를 치료한다는 것이 무엇인지 전혀 알지 못하던 때였다. 다소 생소하고 낯선 심리치료 기법을 한 센터에서 진행하고 있다는 소식을 접하고, 그 내용을 다음 사보에서 소개하는 기획이라 했다. 선배는 음악치료에 대한 글을 쓸 예정이고, 나는 문학치료에 대한 글을 쓰기로 했다.

선배가 미리 섭외한 곳으로 갔다. 그곳 책임을 맡고 계신 분이 내가 온

목적을 미리 알고는 이렇게 말했다. "내담자와 직접 프로그램에 참여해야 합니다." 나는 그 말에 '당연히 그래야지요.' 하고는 문학치료 팀에 합류하였다.

리드하는 사람을 포함하여 7명이 한 팀이 되어 원을 만들어 앉았다. 책상을 앞에 놓고 백지와 연필 한 자루를 바라보고 앉았다. 첫 순서로 각자 돌아가면서 이름을 밝히고 자신을 소개하는 시간을 가졌다. 다들 웃으면서 자신을 소개하고, 이 자리에 왜 왔는지도 밝혔다. 나도 내담자가 되어 앞 사람들과 유사하게 소개를 하였다.

그렇게 한 바퀴 다 돌았을 때 리드하는 사람이, 이제부터는 자신의 꿈에 대해서 이야기해보자고 제안했다. 먼저 이야기했던 순서 그 반대순으로 시작하기로 했다. 그런데 첫 번째로 말할 사람이 '저는 지금 생각이 안 나서요, 나중에 할게요.' 하더니 다음 사람도, 다음 사람도, 다음 사람도, 똑같은 말을 하였다. 나 역시도 무슨 말을 해야 할지 망설이다가 패스를 하고 말았다. 나는 절로 놀라 이게 무언가 하면서 책상을 내려다보고 웃고 말았다. 결국 꿈에 대해서는 이야기를 나누지 못하고, 그날의 미션 주제와 관련해서 이야기를 나누었다.

나는 그날 '꿈'이라는 단어가 그렇게 낯설 수가 없었다. 평소 꿈을 남발하여 사용하는 편은 아니지만, 그래도 나보다 어린 후배들을 보면 '너는 뭐가 되고 싶니? 너는 무엇을 하고 싶니?'등 꿈에 대해 묻곤 하였다. 대체로 속 시원하게 답하는 후배도 별로 없었지만, 그 꿈과 관련하여 이야기를 진전시킨 기억도 없었다. 그러니 나의 질문은 매우 형식적인 것이고 고답적인, 그냥 물어본 말이었던 것이다.

나는 꿈이라는 단어 앞에서 내 머릿속이 그렇게 캄캄할 줄 몰랐다. 내 꿈이 무엇인지 구체적으로 생각해본 기억이 언제였던지 감감했다. 막연하게 하고 싶었던 것, 했으면 좋겠는 것이 언뜻 나타났다 사라졌지만 그 것이 내 꿈인지는 확신할 수 없었다. 집요하게, 그리고 절실하게 내가 이루고자 한 것이 무엇인지 잊고 지냈다니, 정말 내가 이루고자 했던 꿈, 되고자 했던 꿈이 어디로 사라진 것인지, 나는 내가 한심했다. 도대체 나는 어떤 삶을 살고 싶은 걸까.

꿈 이야기로 의기소침해진 마음과 가라앉은 분위기를 띄우려고 리드가 한 옥타브 올라간 목소리로 다음 진행을 하였다. 다들 다행이다 싶으면서도, 여전히 꿈에 대해 고민 중인지 금방 얼굴이 밝아지지는 않았다. 이때 리드의 경쾌한 목소리는 전체 분위기를 환기시키기에 충분했다.

사람들은 가장 인상 깊게 읽은 책을 이야기하면서, 그것을 다른 사람에게 추천하고 싶은 이유를 말하기 시작했다. 첫 번째 사람은, 민담 읽기를 좋아한다고 했다. 예전에 호랑이가 있었는데, 인간을 자신의 부모로 알고, 그 부모가 병에 걸리자 날마다 고기를 잡아 그 집 앞에 갖다 놓았다는 효 이야기가 감동이었단다. 민담이 좋은 것은 인과응보가 확실하기 때문이며, 그것을 통해 마음의 치유를 받았다는 것이다. 그러면서 돌아가신 부모님을 생각하면 아직도 눈물이 난다는 이야기를 이어갔다. 생전에 부모님께 못 해준 것만 생각난다면서, '요즘 좋고 따뜻한 옷이 얼마나 많은데…, 옷가게 앞을 지나면 항상 부모님께 해드리지 못한 게 죄스럽다'고 눈물을 훔쳤다. 그 이야기를 들으면서 다른 사람들도 자신의 부모님의 이야기를 이어갔다. 여기저기서 작은 울음 소리가 들렸다. 누구는 아직 살아계시지만 잘 못하고 사는 자신을 탓했다. 그러면서 또 울었다.

만약 리드하는 사람이 중간에 부모의 존재에 대해 나름 정리해주지 않았다면, 그 이야기는 언제 끝날지 알 수 없었다.

마음의 건강을 위하여

문학치료는 책 이야기 속에서 1차적으로 위안을 받는다. 그리고 그 이야기를 현실의 문제로 가져와서 자신의 이야기로 만들 때 2차로 위안을 받는다. 자신의 이야기를 하는 동안 주변 사람들이 공감하고 위로하는 과정에서 3차로 위안을 받는다.

이 과정은 순차적인 계획에 의해 진행되는 것은 아니었다. 리드하는 사람이 책에 대한 이야기를 털어놓을 수 있게 문을 열어주면, 내담자들은 서로 자신의 이야기를 털어놓고 그 이야기에 공감하는 또 누군가가 유사한 경험을 나누는, 그 중에 치유 효과를 보이는 것이었다.

사람들은 독서와 경험을 나누면서 매우 행복한 표정을 지었다. 그 표정은, 스토리의 어떤 요소들이 마음을 자극하고 그 부분이 표면화되는 과정에서 치유를 받으면서 자기 긍정으로 이어지는, 문학치료의 순기능이 보이는 효과일 것이다. 그런 시간을 몇 번 갖고 난 이후 사람들은 주제를 확장해 얘기하기도 하고, 서로 추천한 책을 읽어오는 등 매우 적극적이라고, 관계자는 전했다.

나는 그렇게 책 이야기를 토대로 하는 독서 치유의 과정을 알게 해준 선배가 무척 고마웠다. 나는 그곳에서 내담자 중 20대를 세 명이나 만났다. 다른 팀에서도 유사한 인원이 참여한다는 소식을 들었을 때, 자기 인생을 긍정하려고 애쓰는 그들의 모습이 무척 인상 깊었다. 뒤늦게, 나의 고민과 문제를 나 혼자 해결하려고만 했던 지난 시간을 되돌아보았다. 책을 통해 나의 현실의 문제와 대면하고 나를 긍정하려는 20대, 그들의 모습이 오래 귀감이 되었다. 그렇게 자기 인생을 주도적으로 이끌어가는 삶의 자세를 다시 배우게 되었다.

20대는 자기 고민이 많은 시기이다. 자기 고민이라는 토양에는 갖은 영양성분이 넘쳐난다. 그 많은 영양 중에 내게 가장 필요한 것이 무엇인지 알아채는 센스가 필요하다. 이런 센스는 어디에서 오는 걸까. 내 삶을 주도적으로 이끌어갈 수 있는 자양을 알아채는 감각은 어디에서 오는 걸까.

이 글을 진행하는 모든 순간에 나는 강조하고 있다. 바로 독서를 해야한다고. 독서는 단순히 생각의 힘만을 길러주지는 않는다고. 감성을 확장하고 뇌의 작용을 활발하게 한다고. 또 시간과 공간을 뛰어넘는 사유의 힘을 길러준다고. 오늘은 여기서 한 가지 더 강조하고 싶다.

사람들과 나의 생각을 공유할 것을 권한다. 누군가를 만나는 일은 어떤 계기를 마련해야 하는 번거로움은 있다. 만일 이것이 여유롭지 않으면, 내가 읽고 생각한 바를 글로 옮겨보길 추천한다. 특히 책을 읽고 생각한 바를 글로 옮길 때, 나와 저자가 대화하는 방법을 사용하면 좋다. 이해가 안 된 부분이라던가, 잘했다고 칭찬하고 싶은 부분이 있다면 글로 대화하는 것이 좋다. 이런 쓰기가 나의 부정적이면서 나약한 심사를 긍정적이고 강하게 하는 지렛대가 된다.

02

○

내가 변하면
세상도 변한다

"언제고, 괴로운 환상을 위로하고자 하면 너의 책으로 달려가라. 책은
언제나 변함없는 친절로 너를 대한다."

– 토마스 풀러

어느 날 전화 한 통을 받았다. 심리상담 센터를 운영하는 지인으로부
터다. 좋은 일 한번 하자는 거였다. 나는 그게 무어냐고 물었지만, 지인
은 내일 무조건 센터로 오라는 말만 남겼다. 나는 할 수 없이 시간 맞춰
센터를 방문했다. 지인은 내 손을 잡고 어느 구석방으로 들어갔다. 그곳

에는 긴 머리에 검은 안경을 쓰고 심각한 표정으로 한 청년이 앉아 있었다. 지인의 조카라고 했다. 요즘 고민이 많은데, 같이 이야기 좀 해주면 좋겠다고 막무가내 나를 그 앞자리로 밀어 넣었다.

내가 가장 힘들 때 곁에 있어 주는 책

나는 계획에 없는 상담을 하게 되었지만, 사실 상담에 대한 지식이 없던 터라 무어라 섣불리 말을 걸 수 없었다. 물 한 모금을 마시고 가만 앉아 있다가 그가 입고 있는 옷 색깔이 좋다고 말을 걸었다. '내가 좋아하는 색인데, 왜 그러냐면…'식으로 말문을 트며, 어렵게 이야기를 이어갔다. 별 시답잖은 이야기를 하는 중에 마음이 조금 풀어졌는지 청년은 자신이 처한 지금의 이야기를 한마디로 정리했다.

청년은 '내가 꼭 하고 싶은 일이 있는데, 부모님이 나중에 하라며 반대를 해서, 그대로 집을 나왔다'는 것이다. 이모(지인)는 내 마음을 이해할 것 같아서 여기에 와 있다면서, 다시는 집에 들어가고 싶지 않다는 마음 상태도 보여주었다.

나는 잠시 생각했다. 시시콜콜 묻고 답하는 것이 위로가 되지 않을 거라는 생각이었다. 그 마음을 스스로 들여다볼 수 있게 하는 방법을 고민하다 영국 작가인 토마스 풀러의 '책으로 달려가'는 길이 떠올랐다. 먼저

'좋은 책이 있다'고 소개한 후 같이 읽으면 좋겠다는 내 의견을 밝히자, 본인도 좋다며 흔쾌히 동의했다.

나는 이튿날부터 그 청년과 함께 서머싯 몸의 『달과 6펜스』를 읽어 나갔다. 한 페이지씩 번갈아 가면서 큰 소리로 읽는 방법을 사용했다. 읽기만 하고 다른 이야기는 하지 않았다. 처음엔 일정량을 정해서 읽었는데, 다행히 청년은 적극적이었고, 읽기의 양도 점점 늘어났다. 그의 적극성으로 조금 일찍 그 책을 다 읽을 수 있었다.

우린 책을 다 읽은 후 내용을 서로 나누었다. 주인공의 행동에 대한 생각과 그 결과에 대한 이야기가 주요 내용이었다. 책 속에서 주인공은 안정된 직업과 가정을 버리고 어느 날 훌쩍 집을 떠난다. 평소 지니고 있던 꿈을 실현하기 위해서다. 그것은 그림을 그리는 일이다. 이 이야기는 고갱의 이야기를 소설화한 것으로 알려져 있다.

청년은 주인공 스트릭랜드에 대해 두 마음을 가지고 있었다. 하나는 무책임하다는 것이다. 안정된 직업을 버린 것도 그렇지만, 아내와 자식에게 아무 상의도 없이 멀리 떠나버린 것은 성인으로서의 책임을 다하지 못한 행동이라고 비판했다. 다른 하나는 그의 결단이 부럽다는 것이었다. 사람이 경제적으로 안정적인 삶을 살고 또 주변 사람들에게 인정을 받을 만한 위치에서 그 직업을 버리는 일도 대단하지만, 무엇보다 혈연에 연연하지 않고 자신이 정한 책임을 완수한 후 자신의 꿈을 실현하기 위해 떠날 수 있는 용기가 대단하다는 것이다.

나는 양가적인 두 개의 감정이 서로 교차하는 그의 이야기를 듣고 또다시 듣길 거듭했다. 처음에 짜증을 내던 청년은 말을 할 때마다 생각이 조금씩 달라지는 자신의 모습을 알아차리기 시작했다. 내가 만일, 처음 가지게 된 두 마음 중 한 가지만을 골라 이야기해보라고 했다면, 그때의 감정 상태에 따라 선택했을 가능성이 높았다. 그땐 냉정하게 자신의 이성이 개입한 것이 아니라, 감정이 개입한 선택이 된다. 그러니 바로 '나라면 어떤 선택과 결정을 할 것인가'를 묻기보다는, 진중하게 생각할 시간이 필요하다는 차원에서, 나는 두 마음의 현상을 스스로 들여다보는 작업을 멈추지 않은 것이다.

내가 달라지니 세상도 달라지고 있다

"책은 청년 시절에는 길잡이가 되고 어른이 되어서는 즐거운 오락이 된다."

— 율리아

삶은 어떻게 달라지는 걸까. 사람들은 말한다. 철이 일찍 들면 그만큼 잘살게 되어 있다고. 반은 맞는 말이다. 하지만 반은 틀린 말이다. 사람은 무엇을 하기 위한 적정 나이라는 것이 있다. 그 나이에 해야 할 일은 그때 해야 가장 빛나는 법이다. 그 나이에 해야 할 일을 하면서 길을 잃지 않는 것이 중요하다.

영국의 성직자 율리아의 이야기처럼 '청년 시절에는 길잡이'가 필요하다. 현재 내 모습을 정확히 알고, 나의 길을 안내해주고, 또 나를 변화시켜줄 길잡이가 필요하다. 우리가 거론하는 멘토가 바로 길잡이의 역할이다. 그 길잡이를 '책'으로 삼을 때, 더디 가더라도 잘못 가는 일은 없을 것이다. 그 길잡이는 우리의 목적을 실현하는 데 도움을 주는 지침서이기 때문이다. 이를 의지하고 갈 때, 삶의 조건과 환경은 나아지는 방향으로 변화를 만든다. 내가 변하니까 세상도 변해가는 거다. 내가 내 삶의 주체가 될 때 세상도 나를 중심으로 변하기 마련이다.

이틀 후 청년을 다시 만났을 때, 그는 처음의 생각을 정리하고 있었다. 그는 '주인공은 젊은 시간을 자신의 외적인 성공을 위해 노력한 것이 분명하다. 그러니까 그만큼 성공할 수 있었을 것이다. 사회적으로 안정적인 위치에 서고, 결혼도 하고, 아이도 낳았다. 남부러울 것 없는 생활에서 행복한 가정의 면모를 모두 갖추었다. 그것이 사회적 인간으로서의 의무라고 볼 때, 그의 책임과 의무는 손색이 없다. 그렇지만 주인공은 인간이 사회적 동물로만 만족할 수 없는 존재라는 걸 알려준다. 바로 자기 자신 즉 '나'라는 존재를 위한 삶도 있다는 것이다. 나를 위해 살아야 하는 것도 자기에 대한 의무이자 책임이라고 생각한다. 가족을 위해 책임과 의무를 더 이상 다하지 않아도 되는 만큼의 경지에 이르렀다면, 이제는 자신의 인생을 위해 살아가는 것은 매우 바람직한 선택이다. 자신의 꿈을 향해 가는 인생은 늦어도 늦은 것이 아니라는 결론이다.' 그의 정리는 긴 고민 끝에 나온 것이리라. 나는 그의 의견을 지지했다.

청년은 자신이 고집했던 일이 정말 자신이 절실히 원했던 일인지 생각해보기로 했다며 성격 좋게 웃었다. 만약 지금 하지 않으면 안 되겠다고 판단될 때는 부모님을 설득시킬 자신이 생겼다는 것이다. 그렇지 않을 시는 과감히 계획을 포기하겠다고 다짐을 보이기도 했다.

나는 그것이 구체적으로 무엇인지 모른다. 굳이 물어보지도 않았고 청년도 이야기하지 않았다. 청년과 함께 한 날은 열흘이 채 되지 않았지만, 나는 책을 대하고 내용을 이해하려 집중하고 그것을 내 것으로 돌이켜 생각하던, 그의 노력이 지닌 진지함을 높이 샀다. 그런 고민 끝에 얻은 결론이라면 무엇을 해도 그 결과가 좋을 것이라는 믿음도 있었다.

"할 수 없는 일을 해낼 때가 아니라, 할 수 없는 일을 매일 할 때 우주는 우릴 돕는다."

— 김연수

20대에 부모와 나의 의견이 충돌하고 또 주변 사람들과 의견 조율이 잘 안 되는 것은, 내가 그만큼 성장 중이라는 것을 의미한다. 어떤 생각이 변하고 있다는 것은 소설가 김연수의 말처럼 우주가 같이 움직이고 있다는 것이니까. 지인의 조카가 뜻하지 않은 나와의 만남을 통해 독서를 하게 된 것도 변화를 추동하는 그의 내적 움직임 때문이었을 것이다. 겉으로 보이는 불만적인 태도는 부정의 외피를 입은 긍정의 모습이었던 셈이다.

그것을, 청년은 독서를 하는 과정에서 스스로 껍질을 벗겨 보여주었다. 나는 그가 읽는 일에 동참할 것을 권했고, 그가 하는 이야기에 귀를 기울였다. 내가 한 일은 그것이 전부였다. 나는 한 번도 그의 의견에 내 사견을 덧대거나 반의를 보이지 않았다. 나는 다만 같이 있어 주는 시간을 선물했을 뿐이다.

사람들은 나의 변화를 위해 다른 사람을 만나기도 하고 여행을 떠나기도 한다. 사람을 만나 대화를 하다 보면 상대의 주관이 개입되는 경우가 있다. 다른 사람의 주관성이 개입되면 고민은 문제의 고유성을 유지하기 어렵다. 사람을 통해 나의 고민을 풀고자 할 때는 객관적으로 들어줄 대상을 찾아야 한다. 여행도 그렇다. 크고 넓고 낯선 곳에서 새로운 생각을 하고 새로운 계획을 품게 된다. 여행길에서 나누는 대화에서도 뜻하지 않은 도움을 받기도 하고, 무엇보다 기분전환으로 상기되는 다짐의 맛을 보게 된다. 하지만 여행지에서 돌아온 후의 현실은 새로운 계획들을 실천하기에는 어려운 조건들이 많다. 독한 계획과 실천력이 필요하다.

내 삶이 변하고 싶다면 내가 먼저 변해야 한다. 독서 생활을 삶의 지렛대로 삼는 사람은 독서로 인해 단련된 건강한 의지로 하여금 스스로 변화의 문을 열게 된다. 내 삶을 위한 변화의 도구로서 독서보다 더 실용적인 것이 있을까.

03

○

인문고전을 읽는 것이 진짜
자기계발이다

지난 2020년 하반기, 우리 사회는 새로운 교육방법의 출현으로 들썩였다. 카이스트 개교 50주년을 앞두고 들어선 융합인재학부의 커리큘럼 때문이다. 당시 소개된 커리큘럼은 '사회혁신 솔루션 수업을 통해 직접 무엇인가를 만드는 경험을 제공'하는 것에 학습 목표를 두고 있었다. 학교의 특성으로 보면 이 커리큘럼은 별다른 특징이 없어 보인다. 하지만 다음과 같은 융합인재학부의 졸업조건을 보면, 그것이 매우 특이하다는 것을 알 수 있다.

'책 100권 읽고 1권당 원고 50장 또는 유튜브 2시간 이상 영상 촬영'

이것은 뇌 과학자이자 카이스트 교수 정재승의 "우리 학과는 ABC 학점을 없애겠다."라는 결단으로부터 나온 졸업을 위한 조건이다. 지금까지 학교는 성적순으로 공부의 결과를 확인했다. 지금도 여전히 그 관행 속에 있다. 당시 〈김현정의 뉴스쇼〉에 출연한 정재승 교수는, 현대는 4차 산업혁명의 시대로 "단순 암기력 테스트로 줄을 세운다면… 어차피 인공지능 AI가 1등이다. 현실을 직시해야 한다."라고 강하게 어필하였다. 학습방법이 전면적으로 바뀌어야 할 시점이 되었다는 것이다. 미래는 AI와의 경쟁이 아니라 '인간만이 지니고 있는 창의력, 재능을 발굴하고 키우는 데 초점을 맞추어야 한다.'는 점을 강조하면서, 그 대안으로 'ABC 학점을 없앤 것'이다. 그리고 그 시도의 출발로 '책 100권 읽기'를 시작한 것이다.

그가 주목한 것은 우리에게 시급하게 필요한 창의적 인재를 육성하는 일이다. 카이스트 이광형 총장이 말한 바대로, '인간에 대한 이해가 빠진 과학기술은 디스토피아'를 부르기 때문이다. 정재승 교수가 책 읽기를 교육정책으로 반영한 것도 '인간 지성사와 문명사를 큰 틀에서 이해하고, 나만의 역사적 관점을 갖는' 것이 중요하기 때문이다. 이 이야기는 인간에 대한 이해와 인간지성사의 맥락을 살피면서, 자신만의 세계를 구축할 수 있을 때 창의성이 발현된다는 것으로 종합할 수 있다.

궁금해하고, 궁금해하고, 궁금해하라

"노랗게 물든 숲속에 두 갈래 길이 있었습니다. … 나는 사람이 적게 간 길을 택하였고, 그것으로 해서 모든 것이 달라졌습니다."

— 로버트 프로스트의 〈가지 않는 길〉에서

시를 좋아하던 내 친구는 늘 프로스트의 시를 읊으며 다녔다. 고등학교 1학년 때 같은 반으로 만난 친구는 마음도 착하지만 웃는 모습이 그렇게 예뻤다. 나는 수업이 끝나고 집으로 갈 때 버스를 타려면 한참을 기다려야 했는데, 그때마다 옆에서 많은 수다를 떨며 웃어주었고, 내가 버스를 타고 떠나서야 비로소 제집으로 가는 친구였다. 학교에서 그리 멀지 않은 곳에 살아서 그렇다지만 매번 그러기는 쉽지 않은데, 그 친구는 항상 내 곁을 지켜줬다.

한번은 이웃 학교에서 시화전이 열린다는 소식을 듣고 친구는 나를 끌고 그 학교로 갔다. 나는 책 읽는 것을 좋아했지만 쓰기에는 그다지 관심이 없었다. 물론 시를 많이 읽은 기억도 없다. 하지만 친구의 이끌림을 거부하고 싶지는 않았다. 마침 그 학교에는 내 친구의 친구가 다니고 있었다. 나와 친구가 온다는 소식을 언제 들었는지 그 친구는 학교 입구에까지 와서 우리를 기다리고 있었다. 우리는 친구의 안내를 받아 시화전이 열리는 곳에서 일렬로 그림과 시가 어우러진 전시회를 관람했다.

모두 내 또래 또는 선배들이 쓴 시였다. 나는 그때 많이 놀랐다. 시를 쓰는 구나. 이렇게 시를 쓰는 구나. 나의 놀람은 그날 전시회에서 받아온 책자에 실린 시를 날마다 읽는 것으로 이어졌다. 그날 이후 나의 일기장에는 가끔씩 나도 모르는 시를 닮은 문장들이 등장했다.

시를 좋아한 내 친구는 이후 원예를 전공으로 선택했다. 나는 당시 그의 선택을 이해하지 못했다. 주변을 둘러보면 꽃과 나무가 지천인데, 왜 원예를 공부하려 하는지 도무지 알 수 없었다. 하지만 친구는 늘 궁금했다고 한다. 과학적 원리에 의한 꽃과 나무들의 성장보다는 바람이 불 때 꽃들이 어떻게 움직이는지 그것만 바라보는 시간을 갖고 싶었다고 한다. 하루고 이틀이고 보고 싶은 만큼 그것만 바라보고 싶었다고. 또한 빛의 종류에 따라 꽃의 빛깔이 어떻게 달라지는지 지켜보고 싶었다고 한다. 빛깔이 변하는 그 순간을 꽃과 함께하고 싶었다고. 그뿐만 아니라 가로수나 수 백 년 된 나무들을 보면 궁금해서 견딜 수가 없다는 이야기도 전했다. 한 자리에 박혀서 비와 바람, 더위와 추위, 때론 광풍, 설해 등을 견뎌내는 그 힘이 어디서 오는 건지 알고 싶다고. 그렇게 궁금한 것들을 따라 진로를 결정한 친구였다.

친구는 현재 원예 연구를 위해 외국으로 나가 공부하고 와서는 꽃과 나무들과 함께하는 삶을 이어가고 있다. 그는 기후변화로 모든 식물들이 예전과는 다른 상황 속에 놓이는 점을 안타까워한다. 그러면서 식물은 우리보다 강하다고, 자기는 그 점이 매우 신기하다고 이야기한다. 그는 또한 식물이 환경에 적응하고 어려운 상황 속에서도 나름의 삶의 방식을 개척하는 것을 목격한 이후, 건강식품과 식물의 접목을 다양하게 연구하고 있다.

그는 제자리에서 멈춘 적이 없다. 자신의 궁금증을 자기만의 세계로 구축하며 늘 창의적이고 능동적인 삶을 이어가고 있다.

호기심으로 나를 계발한다

나는 물었다. 고등학생인 그때에 어떻게 그리 많은 궁금증을 가지게 되었는지 알고 싶었다. 그리고 장기적인 안목을 지닌 미래학자처럼 원예가 이렇게 쓰임이 많을 줄 어떻게 알 수 있었는지 궁금했다. 나의 우문을 받은 친구는 웃기만 했다.

그날 나는 친구에게서 장문의 메일을 받았다. 친구는 날마다 시를 읊고 다닐 정도로 문청이었다. 시만 좋아한 것이 아니라 소설, 역사, 사회 등에도 다양한 관심을 가지고 있었다. 한때는 연극을 하기도 했다. 그런 관심은 모두 독서에서 비롯된 것이었다. 특히 인문고전을 탐독하면서 갖게 된 의문들이었다.

친구는 '인문고전은 나에게 다른 것을 찾는 길을 보여주었다'고 말한다. 그 다름은, 이 세상에 없던 것이 아니라, 있지만 아직 발견되지 않은 것이 있다는 것을 알게 하는 일이었다. 독서를 할 때마다 새롭게 읽히는 문장들에서 그걸 알게 되었다는 것이다.

인문고전 독서를 통해 세상에 대한 호기심을 증폭시키고, 그 호기심이 자신의 삶을 계발하는 데 쓰임을 받은 것이다.

인문고전이 자기계발로 쓰이는 이야기는 사실 새삼스럽지 않다. '바보소리를 듣던 아이였지만 철학 고전을 읽으면서 삶을 변화시켰다는 아인슈타인, 주목받지 못했던 이였지만 인문고전을 읽으면서 천재성을 발휘하기 시작했다는 레오나르도 다빈치, 인문고전 독서법으로 세계적인 철학자가 된 스튜어트 밀' 등등의 이야기는 인문고전 독서가 자기계발에 지대한 영향을 미친다는 것을 알게 하는 이야기들인 셈이다.

20대는 이제 막 세계와의 만남을 시작하는 시기이다. 그런데 인문고전에는 그 나름의 세계가 들어 있다. 20대 청년들이 인문고전을 읽는 일은 새로운 세계와의 만남을 통해 자신의 능력을 개발하고자 하는 의지의 소산이다. 인문고전 독서는 무한의 세계이며 가능성의 세계이다. 그러니 의심보다는 나의 가능성을 믿는 일이 우선되어야 한다.

인문고전 독서가 삶에 근본적인 도움을 주는 것은, 그 안에서 간접체험을 통해 많은 경험을 미리 살게 하기 때문이다. 세상을 살아가는 데 기꺼이 모델이 되어주는 인문고전 독서는 삶에서 만나는 일들에 대처하는 방법을 알려준다. 삶에 대한 가치를 찾으면서 삶이 주는 아름다움을 발견하게 한다. 이러한 도움들은 세계에 대한 안목과 식견을 높이는 데 영향을 준다.

인문고전은 문명의 발생지이자 삶의 근원지이다. 동서양의 어제를 오늘로 견인하는 인문정신이 그 안에 내장되어 있다. 그것을 발견하여 나의 삶을 고찰하는 과정으로 이어질 때 우리 삶은 새로운 변화를 꾀할 수 있다. 고대로부터 이어져 온 인간의 삶과 사회문화의 전반과 그 결과물이 오늘의 나를 성찰하는 도구인 셈이다.

지금은 글로벌 시대이다. 저마다 다른 문화와 배경이 친숙하기도 하고 낯설기도 하다. 20대는 어느 세대보다 글로벌 마인드를 갖춰야 한다. 그러한 마인드의 조건은 창의성이 겸비되어야 한다는 점이다. 창의성은 지식을 지혜로, 지혜를 인류보편적인 문제해결의 동력으로 삼을 때 발현된다. 내 삶을 계발하는 지침으로서의 인문고전 독서가 바로 그 동력인 셈이다. 인문고전 독서의 밑바탕에는 항상 인간에 대한 이해와 사랑이 있다. 그것이 나의 삶을 지금보다 나은 방향으로 인도하는 근원지이다.

04

○

우리는 저마다 한 권의
책이다

"인생은 한 권의 책과 흡사하다. 미련한 사람은 그것을 훌쩍훌쩍 읽어
버리지만 현명한 사람들은 그것을 정성 들여 읽는다."

— 보예르

노르웨이 작가 보예르의 글을 접할 때마다 나는 숙연해진다. 이 글은
내가 살아온 날들을 돌아보게 하고, 내가 살고 있는 현재를 들여다보게
한다. 이 시간들이 하나의 점으로 연결돼 어떻게든 미래의 나로 이어지
고 있다는 것을 생각하면, 지금이라는 순간의 소중함을 놓치고 싶지 않

다. 그런 마음이, 모든 순간은 허투루 지나가지 않은 법이라고, 내가 거쳐 온 시간의 점들이 나를 축적하면서 무엇인가를 만들고 있다고, 그러니 정성껏 살라고 주문하는 것 같다.

인생의 주기는 사람마다 다르다. 어떤 주기는 짧고 어떤 주기는 길다. 길고 짧은 일은 인간이 관여하기 어려운 부분이다. 그것은 인간의 영역이 아니다. 인간에겐 주어진 주기가 있을 뿐이다. 사람이 살만한 것은 자신의 주기를 모른다는 데 있다. 모르기 때문에 사람이 할 수 있는 일을, 자신의 주기를, 무엇으로든 채우면서 살 수 있다. 채우고 싶은 것만 골라서 채울 수는 없다. 그래도 원하지 않은 무엇이 들어갔다 해도 그것 또한 내가 산 삶의 흔적이다. 이는 모두 의식적이든 무의식적이든 우리만의 방식으로 나름의 주기를 채우면서, 마지막에 그려질 자기만의 지도를 만들기 위한 행위들이다.

인간은 태어남과 동시에 소멸로 가는 것이 순리다. 그렇다면 순리에 순응하며 산다는 것은 무엇일까? 주어진 조건 그대로 살아가는 것을 의미하는 걸까? 만약 그렇게 주어진 순리만을 따르는 일이 인간의 일이라면, 굳이 무엇을 얻기 위해 노력하고 힘을 쓰고 애쓸 필요가 없을 것이다. 인간은 그런 존재가 아니니까. 그러니 인간의 영역이 아닌 것에는 마음을 두지 말아야 한다.

우리가 할 일은 순리에 맞서 치열하게 버텨내며 자신을 채우는 일일 것이다. 내게 주어진 삶의 조건들을 바탕으로 내 삶을 재편하기 위한 각고의 노력을 하는 일이 바로 우리가 할 일이 아닐까. 삶에 대한 어떠한 정의도 정답이 되지 않는다. 그 이유는 모든 사람들은 각자 자기만의 삶의 지도를 그리며 살아가기 때문이다. 나름의 치열성을 인정하고 유지하면서 살아가는 일이 각자 몫으로서의 한 생이라 할 수 있다.

아름다움에도 DNA가 있어

얼마 전 경주 남산에 올랐다. 유명드라마 〈미스터 션샤인〉의 촬영지로 주목받고 있는 삼릉숲과 삼릉계 석불좌상 코스 길이다. 드라마를 인상 깊게 본 한 사람이 '추노를 피해 도망가는 여자주인공의 씬이 무척 몽환적'이었다고 말하는 바람에, 일행은 소나무 숲의 풍광을 한 바퀴 더 둘러보며, 그 여주인공의 모습을 상상해보았다. 굴곡진 몸통마다 빛과 그림자가 지고 그 사이로 바람이 지나가는 순간은 현실감이 사라지는 듯한 느낌이었다. 비현실적인 빛의 조명을 따라 생사를 걸고 도망치는 사람을 이 숲은 어떻게 안아주었을까.

숲의 품을 생각하다 소나무 사진작가 배병우가 어느 인터뷰에서 한 말이 떠올랐다. 그가 인터뷰에서 "해뜨기 전이나 해질 즈음 백여 년 된 소나무가 가장 아름답다."라고 이야기한 나무가 경주 소나무이다. 그가 인상 깊게 본 소나무는 양동마을 인근에 있는 흥덕왕릉에서 본 소나무이다. 그가 추천한 아름다운 소나무를 보기 위해서는 늦어도 해뜨기 30분 전에 도착해야 한다. 그 시간은 여명의 잔영이 하나의 풍광으로 신비로운 자태를 뽐낼 때이다. 여명 속에 서 있는 안강형 소나무들이 흡사 환상적인 춤을 추고 있는 것 같다고 그가 표현한 광경을 나는 보지는 못했다. 다만 그가 사진전으로 보여준 이미지로 그 품을 유추해볼 뿐이다.

나는 배병우 작가가 이야기한 해뜨기 전과 해질 즈음을 생각하며 올랐다. 그 시간은 하루의 말단이라 해도 틀리지 않을 것이다. 사람으로 치면 손끝과 발끝이다. 말단이 살아 있어야 생명은 유지된다. 소나무의 아름다움도 말단의 건강으로 유지되고, 삶의 아름다움도 말단의 동력에 의해 유지된다. 말단에는 삶의 DNA가 있고, 아름다움의 DNA가 있다.

경주 남산을 가자고 한 사람은 사진이 취미인 지인이다. 지인은 주로 돌을 사진으로 남긴다. 그날은 특별히 경주 남산 소나무 길을 일행에게 안내하였던 것. 안내 길의 지인은 웃음을 내려놓지 않는다. 그 웃음엔 자신이 오래 아껴온 곳을 처음 꺼내 보여주는 어린아이의 설렘도 묻어 있다. 나는 그 표정에서 무엇인가를 좋아하는 일을 하는 것이 가장 행복한 일이라는 것을 확인한다.

언젠가 그는, 그가 아끼는 카메라로 찍은 나무나 불상 등을 보여준 적이 있다. 나는 그것에 크게 감동을 받지는 않았을 거다. 기억에 남는 사진이 없는 것으로 볼 때. 자연히 내 표정도 무척 무심했을 것이어서 지인에겐 아쉬움이 남았을지도 모른다. 오늘 지인은 평소 이 산을 오를 때 날씨에 따라 시간에 따라 달라지는 모습을 직접 보여줄 수 없어 안타깝다고 연신 이야기한다.

그의 뒤를 따라가면서 그가 자주 머문다는 돌산에 다다랐다. 그는 가방에서 자신이 찍은 돌사진첩을 보여주면서, 이 돌이 바로 이것이고 저돌이 바로 저것이라고 일일이 대비해 보여준다. 나와 일행은 감흥에 젖은 지인의 말을 들으며 고개를 끄덕이고 추임새를 넣으며 정성을 다해 응답한다.

그는 말한다. "내가 돌을 찍는 이유는 그 돌 하나가 그 돌의 인생이기 때문이다." 나는 그의 말을 들은 후부터 그가 이야기하는 것에 관심을 두었다. 시간을 가로질러 사는 돌덩이들이 각자의 인생을 어떻게 살고 있는지 보고 싶어 유심히 들여다보았다. 어느 돌은 슬픔의 자국과 상처의 자국으로 얽혀있다. 어느 돌은 돌꽃을 품고 미소를 짓고 있다. 돌 속에서 희로애락을 보는 느낌은 이상했다. 사람들이 돌멩이 위에 돌멩이를 얹으며 기도를 하는 이유가 바로 한 생을 존중하는 자세라는 생각을 했다. 그 마음이 그때의 상처와 소망들이 탑이 되어, 하늘에 그 소식을 전하는 시간이 해뜨기 전이나 해 질 즈음일 거라는 추측도 했다.

　경주 남산을 내려오면서 나무 하나가 한 권의 책으로 우리에게 다가오는 것은 나무가 들려주는 나무의 한 생이라고, 우리는 생각을 모았다. 돌덩이 하나가 우리에게 다가오는 것 역시 돌이 들려주는 돌의 인생이라고, 생각을 모았다. 그러면서 우리는 나무에서도 돌덩이에서도 우리의 생이 그대로 녹아 있다는 유추를 해보았다. 자연이 인간과 조화를 이루며 사는 이유가 거기에 있다는 생각에서다. 자연은 사람들이 산에 오를 때 사람들의 사연을 모두 귀담아듣는다. 때로 침묵의 걸음에서 묻어나는 사연도 챙겨 듣는다. 그늘로 향기로 바람으로 위로하면서 동행을 하는 것이다.

　우리는 하나의 나무이고 돌이고 또한 사물인 것이다. 자연을 대할 때 정성을 다해야 하는 이유와 사물을 대할 때 성의를 다해야 하는 이유는 그것이 우리의 생이기 때문이다.

나만의 한 권의 책을 위하여

　인문고전 속에는 우리가 알지 못하는 인생이 들어 있는 것은 아니다. 우리하고 무관한 서사들이 들어 있는 것 또한 아니다. 우리가 미처 경험하지 않았으나, 누군가가 경험한 이야기들로 채워져 있다. 그 경험을 우리는 읽으면서 이해하게 된다. 그 안에는 우리의 삶과 무관한 세계가 존재하는 것이 아니라, 경험 가능한 삶이 들어 있다.

이런 경험이 있다. 인문고전을 읽다 보면 어느 장면이나 대사는 내가 익히 아는 것 같고, 본 것 같을 때가 있다. 누군가 나에게 한 말 같기도 하고, 내가 누군가에게 한 말 같기도 하다. 이런 기시감의 정체는 어디서 오는 걸까. 그것은 이미 읽어서 알고 있는 인문고전의 장면과 유사하기 때문에 오는 것일 수도 있다.

하지만 나는 이렇게 생각한다. 이 기시감은 어른들의 삶에서 알게 된 어떤 것들과 연결된 무엇이 책을 통해 다시 보여주는 것이리라.

인문고전에서 알게 된 것과 살아가면서 알게 된 것이 서로 관계를 맺으며 그것을 책 속에서 다시 발견하게 되는 일은 매우 놀라우면서 친밀한 흥미를 준다. 무언가 알 것 같은 깨달음이 전해진다. 이것은 바로 우리가 저마다 한 권의 책이기 때문에 채워지는 느낌일 것이다.

한 권의 인문고전을 읽는 것은 나의 삶에, 우리의 삶에, 인류의 삶에 귀를 기울이는 일이다. 그들이 들려주는 예상하지 못한 이야기들, 독창적이면서 창의적인 이야기들은 모두 삶에서 발견되는 하나의 양식이다.

버려진 땅에서 피어나는 꽃은 그냥 절로 피어나는 것은 아니다. 버려졌다고 보이는 땅은 자신을 포기하지 않고, 하나의 생명선을 잡고, 하나의 생명을 지니고, 그 안에서 새 생명을 품었기에 꽃을 피울 수 있다. 마찬가지로 인문고전 독서가 우리를 저마다 한 권의 책으로 기능하게 하는 조건은, 책이 들려주는 그들의 무궁무진한 이야기에 마음을 다해 귀 기울이는 일이다.

스티브 잡스의 말처럼, 매 순간 갈망하고 매 순간 살아 있을 때, 우리는 저마다 한 권의 책이 된다. 우리는 자기만의 한 권의 책이 된다.

05

○

창문은 열어야 비로소
문이 된다

나는 책을 읽으면서 메모하는 습관이 있다. 예전에는 노트를 마련하여 일일이 적었다. 이 방법은 집에서 독서를 할 때는 괜찮으나 집 밖으로 나가서는 곤란한 면이 있다. 가령, 커피숍에 앉아 독서를 할 때, 혼자 넓은 자리를 차지하기 뭐해 2인 좌석에 앉는다. 탁자 위에 책과 노트와 필기도구를 모두 펼쳐놓고 독서를 하다 보면 찻잔 놓을 자리도 부족하고, 때론 커피를 쏟는 일도 생긴다.

차선의 메모방법으로 책에 그대로 글을 쓰기도 했다. 그러다 보니 어느 페이지는 깔끔하고, 어느 페이지는 메모가 넘친다. 문제는 어느 페이지에선 생각지 않게 많은 메모를 해야 하는 경우가 있다는 점이다. 내가 남기는 메모는 주로 내용을 정리한 한 줄짜리 메모와 읽으면서 생각나는 것, 느낀 것들이다. 그러다 가끔은 할 일, 약속 날짜를 써 놓기도 한다. 그러다 보니 한번 독서한 책을 다시 읽을 때 공간이 부족한 경우가 있다. 그리고 생각보다 날필인지라 지저분하기도 하다.

고심 끝에 선택한 것이 포스트잇이다. 글을 쓸 수 있는 공간도 웬만큼 확보되고, 빈 공간에 차례로 붙여 번호를 매기면, 문장과 메모가 일치되어 나름 효율적이다. 그러다 보니 문방구에만 가면 각종 포스트잇을 사기에 바쁘다. 새로 나온 것이 있으면 무조건 사는 버릇도 생겼다. 내 책상 서랍에 가득한 포스트잇을 다 쓸 수 있을지 모르지만, 아직도 문방구에 가서 제일 먼저 찾는 것이 그것이다.

실패의 묘미

그날은 카페에서 약속이 있었다. 나는 친구와의 약속 시간보다 1시간 먼저 와서 책을 읽었다. 친구도 생각보다 일찍 왔다. 우리는 커피를 마시면서 그간의 안부를 물으며 요즘 생활에 대한 얘기를 나누었다. 그때 내 가방이 의자에서 미끄러지는 바람에 읽던 책과 연필과 포스트잇이 날것 그대로의 모습으로 바닥으로 떨어졌다.

친구는 '아고야, 메모하는 버릇은 여전하네.'라고 하면서 떨어진 것을 같이 주워 탁자 위에 올려주었다. 그러면서 친구는 이야기한다. "우리도 실패하는 법을 배우고 살았으면 얼마나 좋았을까. 우리는 친구도 다 경쟁 상대여서 이겨야 하는 줄 알았잖아." 살다 보니 그렇다는 걸 아는 것은 얼마나 귀한 일일까. 나는 친구의 그 말이 정겨웠다. 그러면서 조금 뜬금없는 것 같아 어깨를 으쓱했다.

친구는 "내가 뭐 대단한 얘길 하는 게 아니고 그거 있잖아, 포스트잇, 그것도 실패에서 나온 거잖아." 하면서 실패담에 얽힌 여러 이야기를 시작하였다. 대략의 내용은 이러했다. 세상을 놀라게 한 대부분의 발명품은 실패에서 나왔다. 처음부터 어떤 도전이 성공하는 경우는 극히 드물다. 대부분의 발명가들은 실패와 좌절의 연속에서 포기하지 않고, 실패의 원인을 찾는 일에 소홀하지 않았다. 그 결과 세계가 놀랄 만한 발명품이 나올 수 있었다는 이야기이다.

대표적인 예로 내가 애용하는 포스트잇이 있다. 그것은 실패를 통해 새롭게 만들어진 상품이다. 종합문구회사 3M에서 접착용 풀을 만들고 있었는데, 직원이 실수로 풀의 원료를 잘못 섞어버렸다. 당연히 접착력이 떨어질 수밖에. 여기저기 붙여놓으면 떨어지고 붙여놓으면 떨어지기만 했다.

원래 풀은 한 번 붙여 놓으면 웬만해서 잘 떨어지지 않는다. 그것이 풀이 지닌 상품의 가치이다. 그런데 이 풀은 어디 오래 붙어 있지를 않다 보니, 개발해놓은 상품을 버리지도 사용하지도 못하는 진퇴양난에 빠졌다.

그때 한 젊은 직원이 기발한 아이디어를 냈다. 청년은 교회에서 성경책을 읽다가 감동을 주는 문장 그 밑 부분에 표시를 해놓고 싶은데, 행간은 좁고 종이는 얇아서, 펜을 진하게 긋는 게 불편했던 경험을 떠올렸다. 임시로라도 붙여놓았다가 나중에 떼어버려도 되는 메모지를 누군가는 찾을 수도 있다는 생각이 들었다. 실패한 풀을 종이 위에 붙여서 사용하고자 하는 사람들에게 나누어주자는 의견을 냈다. 그것은 생각보다 좋은 아이디어 상품으로 각광받았다.

이렇게 해서 탄생한 포스트잇은 오늘 내가 즐겨 사용하고 있고, 전 세계인들이 편히 사용하는 상품이 되었다. 그 덕분에 회사 3M은 세계적인 기업이 될 수 있었다는 이야기다.

사실 처음 듣는 이야기는 분명 아닌데, 친구에게 얘기를 듣다 보니 새삼스러웠다. 어떤 실패도 공짜가 없다는 말도 생각났다. 실패를 한 경험들은 어디 가지 않고, 훗날 긍정적인 모습으로 자신에게 도움을 주기 위해 온다는 얘기다.

우리는 실패를 자주 하지만 실패에 그다지 너그럽지 못하다. 실패를 절대 해서는 안 되는 것으로 여기는 이들에게 실패를 통해 배우라는 가르침은 어렵기만 한 이야기이다. 그래서 후배들에게도 실패하라는 이야기는 잘 못한다. 혹시 오해를 하거나 상처를 주지는 않을지 염려를 먼저 한다.

하지만 실패는 그저 끝나는 일이 아닌 것은 명확하다. 엄밀히 말해 실패란 없다. 한 번 넘어지면 일어나 다시 걸어가는 것이 우리의 일이다. 주저앉아야 할 시간이 필요하다면 마음을 추스르며 앉아 있어도 된다. 사람은 시간이 지나면 일어나서 다시 걷게 되어 있다. 이것이 배움이다.

20대는 실패의 시간이다. 아니다 도전의 시간이다. 실패를 딛고 성공을 한 사람들은 성공했기 때문에 실패를 딛고 일어선 것은 아니다. 실패를 거듭해도 딛고 일어서는 도전을 멈추지 않았기 때문에 성공할 수 있었던 것이다.

이 시기는 해야 할 일도 많다. 공부, 사업, 취업, 연애, 인간 관계 등 신경 써야 할 부분도 많다. 그런 모든 것들의 기회를 놓치고 싶지 않은 것은 당연하다. 그럼에도 우리의 일은 생각보다 잘 안 풀린다. 우리가 부족해서가 아니다. 우리가 살아가는 연습을 하는 중이기 때문이다. 무수한 연습 끝에서 우리는 무언가를 얻을 수 있는 것이다.

"자기 입장이라는 게 있지만 우리 나이엔 안 한다는 말. 더 신중해야
하는 거 아닌가? 기회라는 게 그렇잖아. 주름이 다 빼앗아가. 나이 먹을
수록 잘 안 오잖아. 기회 그거. 이 사회가 그래요. 그러고 보니깐 하겠다
는 말. 나 해본 기억이 없어. 그게 뭐라고 그런 말도 못하고. 왠지 슬프지
만 내가 안 한다고 하면 자기가 하겠다는 애들이 뒤에 100명이 서 있어."
– 드라마 〈멜로가 체질〉 중에서

친구들의 고민과 연애, 일상을 중심으로 스토리를 구성한 드라마 대사
에서도 도전이 기회라는 것을 설파하고 있다. 다양한 경험을 하고, 자신
에게 집중하고, 내가 좋아하는 일을 찾아 나의 능력을 더 키워보고, 운동
등으로 체력을 다지고, 지속적으로 자기계발에 힘쓰며 현대를 이끌어가
는 일의 시작은 20대가 출발점이다.

요즘은 평생 직장이라는 개념이 사라지고 있다. 일자리에 대한 개념이
달라지고 있는 환경 속에 우리는 놓여 있다. 나 자신의 기대치를 충족하
지 못하는 삶을 버리고 나를 충족시켜줄 회사를 찾아다니는 모습에서 그
러한 개념의 변화는 더 뚜렷하다.

그렇다면 나 자신의 기대치는 어떻게 형성되는 걸까. 외적 조건에 맞추는 것으로 형성되는 걸까. 내적 조건을 충족하는 것으로 형성되는 걸까. 만일 외적 조건에 맞추어진 기대치라면 그것을 만족하기란 쉽지 않다. 외적 조건은 때와 상황에 따라 변한다. 고정되어 있는 것이 아니다. 그때그때 변하는 속성은 타인의 욕망을 채우는 일이 된다.

카프카의 『법 앞에서』에 등장하는 시골 사람과 문지기 이야기에서 우리는 그 모습을 확인할 수 있다. 법의 문을 통과하기 위해 그 앞에 선 시골 사람은 문을 지키고 있는 문지기에게 들어가게 해 달라고 요청을 한다.

하지만 문지기는 이곳을 통과할 수 없다고만 한다. 뚜렷한 이유도 없이 무조건 안 된다고 한다. 만일 이 문을 통과해서 가더라도 다음 문에 또 문지기가 있고 다음 문에 문지기가 또 있어서 끝내 법의 문을 통과하지 못한다는 것이다. 시골 사람은 그 말을 듣고 어떤 도전도 하지 않는다. 떼를 쓰지도 않고, 방법을 모색하지도 않는다. 그 앞에서 법의 문이 열리기만을 기다린다. 그러다 그는 그 문 앞에서 늙어서 죽고 만다.

시골 사람의 심리상태가 타인의 욕망에 맞춰져 있기 때문에, 타인이 막아서는 그 문을 열 생각을 못한 것이 아닐까. 타인의 욕망이란 결국 나를 가두는 감옥과 같은 것이다.

벽을 창문으로 창문을 문으로

내적 조건은 어느 상황에서도 흔들리지 않는 신념과 도전 의식을 길러 준다. 나를 만들어가는 일에 집중하게 한다. 일의 개념이 달라져도, 일에 대한 욕구를 채우기 위해 나 자신을 정확히 아는 일을 멈추지 않는다.

내적 조건을 충족시키면서 형성된 나의 기대치는 실패를 두려워하지 않고, 나의 재능을 키우는 데 집중하는 것이다. 이러한 노력들은 벽에서 창문을 내고, 창문을 다시 문으로 만들 수 있는 소양이 된다. 이 소양을 독서로 쌓을 때 그것은 내적 힘의 동력이 된다. 이런 경우에는 인문고전과 현대의 글을 균형감 있게 배분하는 것이 좋다. 왜냐하면 인문고전 독서는 언제나 성찰과 반추의 자리를 매김하고 나아가 올바른 삶에 대한 전망을 제시한다. 그리고 현대의 글들은 시대의 흐름을 읽고 현실 감각을 길러준다.

지금 벽 앞에 서 있다고 생각이 들면, 그 앞에서 원하는 크기의 문을 그려보기를 권한다. 그 문을 열어 독서로 소통하는 자리를 만들기를 권한다. 창문은 열어야 비로소 문이 되는 것이다.

06

○

고통이 없다면 삶은
나아가지를 않는다

"얼굴이 잘 생기고 못생긴 것은 운명의 탓이나, 독서나 독서의 힘은 노력으로 갖추어질 수 있다."

— 셰익스피어

가까이 지내던 후배가 10년 만에 연락이 왔다. 외국에서 10년 동안의 공부를 마치고 이제 고국으로 돌아왔다는 전갈이다. 예전에는 10년이면 강산이 변한다지만, 지금은 1년이면 강산이 변하는 시절인데, 10년 만이라니. 그의 얼굴이 가물거리며 어떻게 변했을지 무척 궁금하다. 그런 반

가움과 함께 뭉클한 무엇이 전신을 채우기도 한다. 후배가 어릴 때부터 공부에 대한 일념 하나만으로 지금까지 버텨온 사정을 누구보다도 잘 알기 때문이다.

후배는 중학교에 입학하기 전만 해도 동네에서 가장 번듯하게 사는 집의 막내였다. 공부도 잘 하고 성실하고 예의가 발라서 주변 사람들에게 온갖 사랑과 예쁨을 다 받고 자랐다. 갑자기 그의 아버지가 중풍으로 쓰러지기 전까지 남부러울 것이 없었다. 마당을 거닐다가 갑자기 쓰러진 그의 아버지는 시간이 지나도 나을 기미를 보이지 않았다. 병수발 비용으로 가정 형편도 급속도로 나빠졌다. 병세가 더 악화되고 있었지만 집안 형편으로 더 이상 병원비를 댈 수 없는 상황이 되자 아버지를 집으로 모시고 오게 되었다.

가족들 모두 병 시중에 참여해야 하는 상황으로 이어졌다. 이 외중에도 후배는 공부의 끈만은 놓지 않았다. 학교에서 돌아오면 아버지 머리맡을 지켰다. 손에는 늘 책을 잡고 배운 내용을 아버지에게 이야기해주면서 고등학교 시절을 보냈다.

유난히 속이 깊은 후배는 가정형편을 고려하여 학자금 지원을 받는 대학과 학과를 선택해서 진로를 결정했다. 새벽이면 신문을 돌리고 우유를 배달하면서 혼자 학비와 생활비를 마련해야 했다. 주말이면 과외를 하면서 1분 1초를 쪼개 살았다. 그러다가 가끔씩 나를 찾아와서 두런두런 이야기를 나누다 가곤 했다. 어린 시절을 같이 보낸 추억이 있어서 그런지, 청년이 되어 만나도 이야기하는 것이 편안했다.

아름다운 고통의 무늬

우리는 주로 어느 커피숍 앞, 어느 공원 몇 번째 나무 밑에서 만나자는 약속을 했다. 실내보다는 밖에서 만나 걸어 다니는 것을 선호했다. 공원을 산책하거나 거리를 걸으면서 이야기를 나눴다. 플라타너스 나뭇잎이 푸른 어느 날 후배는 이야기한다. 요즘 친구들과 같이 읽는 책이 있는데, 꼭 자기 자신을 읽는 것 같다는 얘기였다. 그 책은『오디세이아』였다.

오디세우스가 트로이전쟁을 마치고 집으로 귀향하면서 만나는 수많은 고난들을 읽을 때면, 자신도 모르게 그곳에서 자신이 견뎌내고 있는 듯한 느낌이 든다고 한다. 그 책을 읽은 사람들은 알 거다. 오디세우스가 겪은 고통의 시간들은 매혹적이면서도 긴장과 스릴감을 준다는 것을. 그것이 그 책을 읽는 재미라는 것을.

그럼에도 후배가 유독 자신의 이야기로 환치해서 해독하는 것은 지금 고난의 시간에 놓여 있다는 것을 의미하면서, 이 고난이 언제 끝날지 모르겠다는 막막함에 대한 표현이었으리라 짐작한다.

그렇지만 연을 먹는 나라에서 연을 먹고 난 후 자신이 해야 할 일을 잊어버렸을 때도, 키르케의 독약을 먹었을 때도, 세이렌의 노래를 들었을 때도, 오디세우스는 시련을 이겨내고 고통을 견뎌낸다. 그것은 오로지 집으로 돌아가야 한다는 신념에서 비롯된 힘이었다. 어느 상황에서도 귀환을 하고자 하는 의지를 놓지 않은 것이다. 후배는 이런 나의 얘기 끝에 토를 단다. '나도 그렇다고 생각한다. 그래서 지금도 그 책을 손에서 놓지 않는다'고 말한다.

오디세우스가 어려운 고비들을 헤쳐 나가는 그 과정들이, 언젠가는 나도 원하는 삶을 살기 위해, 지금을 이겨내는 당위성을 갖게 했다는 후배의 말을 나는 듣기만 했다. 자신의 꿈을 향해 한시도 게으름을 피우지 않은 후배에겐 소망하는 삶이 준비되어 있을 거라는 믿음이 내겐 있었기 때문이다. 그는 이후에 만났을 때에도 오디세우스 이야기를 꼭 한 번은 했다. 아마 읽을 때마다 오디세우스의 지혜와 지략과 신념이 삶을 견디게 하는 요소가 되었던 것이리라.

나는 후배가 외국으로 떠날 때 『일리아스』와 『오디세이아』를 선물했다. 자신을 둘러싼 환경이 열악하기 그지없고 매일의 시간들이 고통스럽지만, 현실을 이겨내고자 하는 그의 일념은 자신의 목적을 위해 온갖 시련을 이겨낸 오디세우스의 정신과 다르지 않다는 생각이었다. 그 정신으로 먼 이국에서 배를 곯아가면서 접시를 닦고, 청소 일을 하면서 견뎠다 하니, 그의 10년은 아름다운 시간의 무늬가 일궈낸 열매인 것이리라.

인생은 단 한 번뿐이다. 누구나 알고 있는 사실이다. 하지만 그렇기 때문에 매 순간 내 인생을 살아야 한다는 것, 그러기 위해서 날마다 갈망해야 한다는 것을 알지만 누구나 그것을 행동으로 옮기지는 않는다. 아는 것과 실천하는 행동 사이의 거리는 아마 세계에서 가장 먼 거리일 것이다. 그만큼 알고 있는 것을 내 것으로 삼는 일은 어려운 일이다.

나는 인문고전을 이야기할 때 스티브 잡스 이야기를 즐겨한다. 이공학과 인문고전이 접속할 때 나타나는 화학적 반응의 효과가 늘 신기하기 때문이다. 전공이 물리학이었던 그가 철학이나 문학에 빠지게 된 동기가 순전히 인문고전 독서 프로그램 때문이었다는 것을 알고부터는 더욱 호기심이 늘었다.

아무리 좋은 프로그램이 있어도 스스로 심취하지 않는 한 어떤 효과를 기대하기란 어렵다. 그가 플라톤, 오디세우스, 소크라테스를 좋아한다고 해도 그것을 내 삶으로 가져와 기술과 접목시키려 고민하지 않았다면, 오늘의 스마트폰은 없었을 것이다. 그는 친구의 배신과 사업의 실패 등의 수난들이 많았는데도, 그것을 이겨내고 극복하여 오늘의 시대를 선도한 그가 아닌가. 그와 만날 수만 있다면 그 비결을 나는 꼭 듣고 싶다. 하지만 더 이상 물을 수 없다는 사실이 안타깝다.

생각해보면 현대를 혁신하는 사람들은 평범한 사고의 틀에서는 상상조차 어려운 창의성을 보여주고 있다. 그들의 공통점은 모두 인문학과 관련된 도서나 인문고전을 즐겨 읽는다는 점에 있다. 스티브 잡스는 철학과 문학, 빌 게이츠는 공상과학 소설, 마크 저커버그는 심리학을 통해 시대를 혁신해 나가고 있다. 그들 삶의 한 시기는 모두 실패와 고난이 닥쳤지만 슬기롭게 그 역경을 헤쳐나가 새로운 세계를 구축하였다.

"멀리 되돌아볼수록 더 먼 미래를 볼 수 있다."

– 윈스턴 처질

요즘 커피숍이나 식당은 1인을 위한 가구 배치로 실내인테리어를 많이 한다. 1인이라고 해서 꼭 20대 청년을 의미하는 것은 아니다. 원해서, 원하지 않아서 1인 가구로 사는 사람들도 있으니까. 1인을 위한 생활 변화는 곳곳에서 발견된다. 이것이 우리 사회의 단면이다.

그럼에도 나는 1인 가구 하면 20대 청년들을 먼저 떠올린다. 고등학교를 졸업하고 또는 대학을 졸업하였지만 아직 취업을 하지 못한 이들이 독립해서 사는 가구. 그들의 삶은 매스컴을 통해 비춰지기도 하지만, 가까운 도서관에 가도 쉽게 볼 수 있다. 무엇보다 취업을 위해 스펙을 쌓기에 여념이 없고, 수입이 제한적이니 지출도 제한적이어야 하는 생활로 고군분투하는 모습들을 자주 볼 수 있다. 현재 우리 사회가 지닌 젊은이들의 자화상이다.

우리는 이야기하지 않는가. 젊은이여 꿈을 가지라고. 희망을 가지라고. 좌절하고 분노할 시간에 꿈을 향해 나아가라고. 하지만, 우리는 그 말들이 지닌 공허를 알고 있다. 그 말들이 지닌 추상적 형태가 강압적이면서 판단적이라는 것을 알고 있다. 20대들이 그런 말을 하는 이들을 외면하는 것도 바로 그런 추상성이 지닌 구호 때문일 것이다.

날마다 나아지는 삶

나는 제안한다. 20대의 지금은 마음의 능력을 키울 시간이다. 그 능력을 기르기 위해 인문고전 독서를 하라고. 꿈은 필요하다. 꿈이 없다는 것은 죽은 삶을 사는 것과 다르지 않다. 그렇다면 꿈이 현실이 되게 하는 능력은 어디에서 오는가. 꿈이 결코 추상적이고 허황된 것이 아니라는 것을 어떻게 알까. 꿈은 나의 욕망과 주변 상황에 따라 변형되고 다시 구축된다.

그렇지만 내가 어떻게 살 것인지, 무엇을 하며 살 것인지가 명확한 방향을 가지고 있다면 그것은 실질적인 꿈으로 또는 소망으로 나아갈 수 있을 것이다. 그러니 여기에서도 '나'가 중요하다. '나'가 읽는 독서의 시간이 중요하다.

누구나 현재는 어렵다. 겉으로 보이는 것이 다가 아니다. 우리가 모르는 일들로 좌절하고 분노하고 저항하지만 그것을 아는 이는 오직 나뿐이다. 후배가 모진 시간의 고통을 이겨내고 어엿한 꿈을 실현해 나가는 것같이, 나의 마음의 능력을 기르는 독서의 생활화로 나의 현실을 직시하고 이를 헤쳐 나갈 때 나의 삶은 날마다 나아질 수 있다.

07

○

멈추고 싶지 않으면
독서를 하라

"꿈의 직업을 찾는 데 실패하는 이유는 직업에 대한 정보가 부족해서가 아니라 자신에 대한 정보가 부족하기 때문이다."

— 리처드 N. 볼스, 『당신의 파라슈트는 어떤 색깔입니까?』

미국의 직업탐색 컨설턴트로 커리어 카운슬링을 하는 볼스 박사는 사람들이 원하는 직업을 구하지 못하는 이유로 자신에 대한 정보 부족을 꼽는다. 이 글에서 주목하는 부분은 '자신에 대한 정보'이다.

사람들은 자기를 소개할 때 이름, 고향, 나이, 취미 등을 밝힌다. 이 정도 밝히는 것이 자기소개의 표본이라는 생각을 한다. 그리고 소개말을 들은 사람들도 그 사람에 대해 어느 정도 알게 되었다고 생각한다. 그래서 다음에 만날 때는 왠지 반가운 인상을 새기기도 한다. 하지만 가만 생각해보면 사람들은 자신에 대해 제대로 얘기하지 않는다.

사람들은 어떤 일이 일어날 때 말한다. "남들 다 아는데 너만 모르고 있어." 나의 일에 나만 모르는 일. 그렇다면 그건 내가 잘 모르는 사람이 나라는 의미가 아닐까. 그것이 비록 외부의 일일지라도 나의 일을 나만 모르는 일은, 나에 대한 감각이, 나에 대한 정보가 없다는 것일 게다.

무언가 생각이 많은 시기가 되면, 가장 먼저 질문을 한다. '나는 누구인가?', '나는 어떻게 태어났는가?', '내가 살아가는 이유는 무엇인가?' 생각은 질문에서 태어난다. 생각이 불러낸 질문에 답을 찾기 위해 밤을 새우고, 술을 마시고, 대화를 한다. 하지만 쉽지 않다.

시인 윤동주는 시 자화상을 통해 소시민적으로 살아갈 것인지, 시대 상황에 맞춰 무언가를 들고 일어나야 할 것인지에 대해 고민했다. 방황의 연속이었다. 평범한 사람이 하는 고민으로 출발하여 자신만의 결심을 다지고 실천했다. 자신의 나약함과 자신의 고민을 성찰하면서 그 시대가 지닌 아픔을 통찰하려는 노력을 멈추지 않았다. 현실에 안주하고자 하는 마음과 그것을 넘어 책임을 다하고자 하는 마음을 여과 없이 바라보는 과정을 통해 성장의 길을 걸어간 것이다.

윤동주가 저항의 시인으로 우리 곁에 남을 수 있었던 것은, 그가 자신을 알기 위해 부단히도 자신과 대면하는 시간을 피하지 않았기 때문이다. 자신의 모습과 마주하는 치열한 자세로 시를 쓰고, 결심을 실천으로 바꾸는 일도 명확하게 결정할 수 있었다. 그런 결정이 있기까지 갈등과 고통이 끊이지 않았겠지만, 그 고난 속에서 내린 자신의 결단이 결국은 자신의 삶을 이끌어가는 동력이 되었던 것이다.

혹자는 이야기한다. 자신에 대해 가장 잘 알 수 있는 방법은 '인간은 누구나 죽는다'는 명제를 날마다 새기는 것이라고. 이 말은 참이다. 하지만 건강하고 젊은 사람들이 '죽음'의 현상을 실감하며 인생을 유한성의 개념으로 받아들이는 데는 무리가 있다. 잠시 생각은 해볼 수 있지만, 그것으로 인해 자신을 깊이 들여다보기는 어려운 일이다.

예전에 '나는 나'라는 광고가 있었다. 모든 광고의 목적은 상품 판매에 있다. 광고에서 '나는 나'는 상품을 구매할 때 남들과 다른 모습을 추구하라는 메시지가 중심 내용이었다. 차별화 전략인 것이다. 이런 카피가 매체를 통해 나올 때 사회현상은 '자신의 정체성'이 제대로 확립되었는지 역으로 질문해야 할 때라는 의미가 깃들어 있다. 타인과의 관계에 묻혀 살아가는 '나'를 바로 보라는 질문인 셈이다.

사실 '나'는 한마디로 단정할 수 없는 존재이다. 나를 이루는 것들은 나 자신뿐만 아니라 사회적인 관계도 있다. 나를 이루는 본질을 고민해야 하는 이유이다. 사회적인 관계를 제거하였을 때, 또는 사회적인 관계들만이 남아 있을 때, 나는 도대체 누구인 것일까?

이런 질문은 20대 때 가장 왕성하게 제기된다. 질문을 한다는 것은 고민을 한다는 것이다. 고민을 한다는 것은 앞으로 나아가고 있다는 표식이다. 이 시기에 이런 고민을 회피하면 나이가 들어서, 어느 시기가 될지 모르는 그때에, 그 고민을 언젠가 한 번은 해야 한다. 나이가 들었지만 성숙해지지 않은 자신을 발견하면서, 생물학적 육체의 성장에 비해 정신의 성장이 멈춰 있는 자신을 응시하면서. 질량보존의 법칙처럼, 고민보존의 법칙은 있다.

예전에 자전거 타기를 하던 사람들과 단골식당에서 두부찌개를 먹었다. 주말이면 가까운 곳으로 자전거 하이킹 하던 때를 까마득히 잊고 지내다, 우연히 연락이 닿아 같이 식사하는 시간을 가진 것이다. 예전 모습이 조금씩 남아 있긴 했지만 인상이 무척 많이 변한 사람도 보였다. 사람의 얼굴은 살아온 세월의 일기장과 같다. 어떻게 살았는지 얼굴에 다 쓰인다고 한다.

이야기의 서두는 역시 자전거 이야기다. 자전거 타기를 아직도 즐기는 이가 있고, 모임이 해체되고 이후 한 번도 안 탄 사람도 있었다. 나는 후자에 속해 타박 아닌 타박을 받기도 했지만, 모처럼 만난 사람들의 환대는 추억을 소환하는 것만으로도 편안했다.

우리가 만난 시기는 지방선거를 앞두고 있을 때였다. 자연스럽게 선거 이야기가 나왔다. 사람들 대부분은 특별히 정치색을 띠지는 않았다. 자신이 생각하는 후보에게 소신껏 투표를 해야 한다는 말이 서로에게 설득이 되었다.

그러면서 후보들에 대한 자신의 견해를 밝히기도 했다. 이야기를 들으면서 각자의 입장과 생각의 차이를 알게 되었다. 그러면서 다들 나름대로 주관이 명확하고 어떻게 살고 싶은지의 방향도 보였다.

그때 우리들의 이야기에 장단을 맞추지 않는 한 사람이 있었다. 얌전하면서 유쾌한 그 사람은 아무 소리 없이 웃고만 있었다. 옆 사람이 "무슨 생각을 그리 하고 있어?" 라고 묻자 그 사람이 자신 있게 말했다. "나는 선거철만 되면 돈이 절로 들어와." 우리는 그 소리가 무슨 의미인지 몰라 서로를 바라보았다. 그러자 "아버지가 선거철만 되면 돈을 100만 원씩 주거든." 하는 거였다. 우리가 더 의아한 표정으로 가만있었더니 그가 이렇게 말했다. "우리 아버지가 찍으라고 하는 후보를 찍고 나는 그 돈을 받는 거야."

우리는 놀라서 한동안 다음 말을 잇지 못했다. 그 얘기를 하면서 표정이 한없이 밝은 그 사람을 바라보기만 했다. 그때 입바른 소리를 잘 하는 한 사람이 "그래서, 그 사람을 찍어?"라고 되물으면서, '그렇다'는 답을 듣고서는 "어떻게 그렇게 살 수 있지?"라고 이어 붙였다. 분위기가 갑자기 경직되자 우리는 다른 화제로 분위기를 돌리려고 했다. 하지만 "그래도 자신이 '이 사람을 뽑아야 내가 잘 살 것' 같은 그런 거 있지 않나? 그런 사람이 있으면 그 사람을 뽑아야 하는 거 아닌가?"라면서 상대의 대답을 들을 생각도 없이 "와 정말, 놀랄 노자다, 아직도 그런 생각으로 사는 이가 있다니…." 하고는, "이 놈의 세상이 왜 그렇게 안 변하나 했어." 라면서 먼저 일어나 가버렸다.

그렇게 해서 그날 모임은 얼결에 끝나버렸다. 하지만 나 역시 그날 일은 매우 충격이었다. 해마다 한 살씩 나이를 먹고 나이에 알맞은 일을 하고, 경제력을 갖추며 독립된 개체로 살아가면서도 실제 정신의 독립은 하지 못한 그의 사연이 궁금했다. 무엇이 자신의 주관과 자존감 형성에 장애가 되었던 걸까. 어느 지점에서 그는 멈춰 있는 걸까. 자신이 지금 멈춤 상태에 있다는 것을 알기는 아는 걸까.

어수선한 머리를 정리하고자 집 근처에 있는 학교 운동장으로 나갔다. 몇몇 사람은 농구를 하고 있고, 몇몇 사람은 자전거를 배우고 있다. 나는 그 가장자리를 오가며 멈춤과 성장에 대해 한참 생각했다.

책 읽는 뇌와 건강한 행복

건강한 사람은 육체와 정신의 균형이 조화롭다. 육체와 정신의 균형이 조화로운 사람들은 공통적으로 독서를 하며 지낸다. 독서를 하면서 영육의 행복을 느낀다. 그 과정은 메리언 울프의 저서 『책 읽는 뇌』를 통해 확인할 수 있다.

"독서를 하는 동안 우리는 자의식을 버리고 다른 사람, 다른 시대, 다른 문화의 의식으로 넘어간다. 기사가 어떤 생각을 하는지, 노예가 무엇을 느끼는지, 여주인공이 어떻게 행동하는지, 악당이 자신이 저지른 악행에 대해 어떻게 참회 또는 부인하는지 그 속에 유월해 들어갔다가 나오면 우리는 약간 다른 사람으로 변한다."

'약간 다른 사람', '약간 달라진 사람'. 이 약간이 모든 변화의 중심이다. 달라지는 사람만큼 무서운 것은 없다. 사람은 어떻게 달라지나. 울프의 이야기대로 독서를 하면 달라진다. 그 다름은, 내가 모르는 내가 미래의 어느 자리를 마련해놓고 나를 여유롭게 기다리는 일과 같다. 독서를 하면서 우리는 영감을 받는 뇌 활동을 하고, 슬픔을 느끼는 등의 정서 활동을 한다. 감정의 풍요로움으로 사람을 이해하는 능력을 키우고, 비판적 사고로 일의 옳고 그름을 판단할 수 있다. 보편적인 생각을 할 줄 알고 또 우리만의 고유한 생각을 할 줄 알게 된다. 이러한 과정을 배우는 것이 독서인 것이다.

울프는 같은 책에서 독서를 멈추지 않아야 얻을 수 있는 고유의 역량을 소개한다. 그것은 '기존에 만들어져 있던 구조들을 새로운 방향으로 연결하는 역량, 정보의 패턴을 인지하기 위해 세밀하고 정확하게 특화 영역으로 형성하는 역량, 위 두 영역으로 정보를 이끌어내서 연결하는 능력'이다.

결국 우리 삶에서 건강한 성장과 성숙을 위해 필히 갖춰야 할 요소는 독서에 있다는 것은 명확하다. 독서를 하면 무엇보다 나 자신에 대해 잘 알 수 있는 고유의 방법을 찾을 수 있다. 이 방법으로 볼스가 이야기하는 꿈의 직장을 찾을 수 있다. 또한 이 방법으로 스스로의 삶을 재편성하는 놀라운 능력을 발휘할 수 있다.

독서는 인간의 발명품이다. 발명품을 전시만 하고 있으면 그것은 죽은 물건이 된다. 발명품은 그것을 활용할 때 진가가 나온다. 그 진가는 독서 행위를 하는 이의 사고능력을 확대하고 우리 삶을 가능성의 영역으로 이끈다.

날마다 나아지는 삶은, 내 삶이 책이 될 때, 선물처럼 다가오는 독서의 혜택이다.

08

○

인문고전 독서는 선택이 아니라
필수이다

"고전을 읽는 일은 함대가 우리 영혼으로 들어오는 것이다."

– 생트 뵈브

나무를 심는 사람들이 있다. 그들은 나무를 심는 목적이 서로 다르다. 어떤 이는 꽃을 보기 위해 나무를 심고, 어떤 이는 열매를 얻기 위해 나무를 심는다. 이런 생각은 그 나무가 꽃사과나무여서 가능하다. 순전히 이름 때문이다. 순한 이름이 주는 호기심에 끌려 욕심을 내본 나무 심기로 결국 꽃도 보고 열매도 보게 된다.

후에 그들은 이야기한다. "그 꽃사과나무의 꽃은 말이야…." "그 꽃사과나무의 열매는 말이야…." 그들이 그 이야기를 할 때 그 표정에서 얼마나 꿀이 떨어지는지 그들은 모른다. 아니 이미 알고 있다. 자신이 무엇을 원하는지, 그것이 무슨 맛인지, 그것을 어떻게 얻을 수 있는지, 보고 느낀 경험담이니까.

그런 경험은 사람의 마음 크기를 한 평 넓힌다. 나는 그것을 장석남 시인의 『시의 정거장』의 문장을 빌려와 생각한다. '꽃과 씨앗 속에 들어 있는 하늘과 밤과 낮.' 그러니까 꽃을 보고 열매를 보는 것은 우주를 보는 것이고, 그것을 먹는 일은 우주의 맛을 알게 되는 일이리라.

프랑스의 문예비평가 생트 뵈브가 지칭하는 고전의 의미도 우주의 맛을 보는 일과 같을 것이다. 그 우주는 달에 착륙하기 위해 내디딘 첫발과 같다. '첫발'은 함대이다. 그 함대가 우리 영혼으로 들어와 우리의 모든 지평을 새로 일구는 것이 인문고전이다.

뵈브의 말은 명징하다. 인문고전을 읽어야 한다. 인문고전을 읽으면 여러 가지 도움을 받는다는 등의 표현을 넘어서는, '함대가 우리 영혼으로 들어오는' 거대한 운동성으로 인문고전이 지닌 무한한 가능성을 강조하는 말이다. 인문고전의 가장 보편적이고 근본적인 가치는 질문을 하게 한다는 점이다. 인류는 저마다 특수한 삶의 배경 속에서 살아간다. 그런 과정에서 '인류'라는 공통객체는 시대와 연령을 불문하고 유사한 삶의 패턴을 이어간다. 생각하고, 행동하고, 난관을 만나고, 갈등하고, 욕망하고, 사랑하고, 행복을 추구하는 등의 요소는 모든 이가 겪는 보편성이다.

독서를 통해 보편성을 받아들이는 방법을 익히면서 새로운 가치를 추구하는 가지들이 뻗어나가는 방향을 스스로 설정할 수 있다. 가지 하나가 움틀 때마다 질문 하나가 시작되고, 생각의 문이 열린다. 그것이 우리의 삶이 지니고 있는 보편적인 문제 해결을 위한 출발점이다.

독서의 DNA는 있다

학교에서 돌아온 조카가 냉장고 문을 열면서 이야기한다. "백범 김구 알아? 오늘 『백범일지』를 배웠는데, 선생님이 김구는 책을 많이 읽어서 그렇게 훌륭하게 살 수 있었던 거래."라면서 탄산음료를 꺼내 마신다. 그러면서 "우리나라에서 회장이다 사장이다 하는, 그 뭐 있잖아, 유명한 회사를 만들어 성공한 사람들. 그 사람들도 다 책을 좋아해서 그런 거래. 나도 오늘부터 책을 볼 거야."라고 하면서 컴퓨터 앞으로 간다. 내가 웃으며 '책을 본다면서 왜 책상이 아니라 컴퓨터 앞에 앉는지' 묻자, "내일부터 책을 볼 거야."라고 한다.

이튿날부터 조카가 자기의 약속을 잘 지켰는지는 모른다. 그런 생각은 하루아침에 바로 실천하기가 쉽지 않다는 것을 알고 있다. 그것을 생활감으로 받아들이는 데는 단순히 호기심을 자극하는 것만으로는 어렵다. 그런데 자극이 반복되면 어느 날부터 독서를 할 수 있는 기능이 발휘되기도 하니, 나는 조카에게도 변화의 때가 올 거라 기대했다.

나는 조카의 말 중에서 '내일부터'라는 말이 마음에 걸린다. 내일이란 늘 오지 않는 시간이 아닌가. 다른 일을 다 하고 난 다음에 다시 다른 일이 앞에 서 있고, 지금이 아니고 나중이라는 것은 항상 나중이 되기 때문에, 내일은 미지 상태일 뿐이다. 우리는 알고 있다. '내일' 하겠다는 일들은 결국 오지 않는 내일로 인해 그 일을 하지 않게 된다는 것을. 내일이라는 말이 우리 생활의 함정이라는 것을. 그 함정에 빠지면 날마다 내일만을 외치게 된다는 것을. 내일은 지척에 있는 것 같아도 너무 먼 곳에 있는 하루라는 것을. 그러므로 무슨 일이든 지금 당장 하는 것이 아니라 내일부터 하겠다고 말하는 사람은 신뢰하지 않게 된다.

나는 며칠 후 조카에게 선물을 보냈다. 조카가 좋아하는 유희왕 카드를 최신 것으로 마련하고는 그와 함께 도미니크 디메이의 『내일을 빼앗지 말아요!』를 전해주었다. 이 이야기가 단순한 동화가 아니라는 것을 먼저 얘기하지는 않았다. 처음의 눈으로 생각하고 처음의 생각이 움트기를 바랐을 뿐이다. 이 이야기가 실제 세계 어린이들이 겪은 일임을 알고, 정말로 '내일'이 사라진 아이들이 지구 한편에서 살고 있다는 이야기를 읽고 '내일'이라는 말을 어떻게 생각할지 궁금했지만, 책을 다 읽을 때까지 아무 것도 묻지 않았다.

책 때문인지는 알 수 없으나, 이후 조카는 일기를 쓰기 시작했다. 이전에 쓰는 일기는 선생님께 검사를 받기 위한 목적으로 쓴 것이다. 날마다 '학교에 갔다, 무엇을 먹었다, 무엇을 했다, 재미있었다.'라는 공식에 충실한 일기였다. 하지만 일기를 쓰는 시간이 늘기 시작했을 때부터 그 내용은 달라지는 것 같았다. 자신의 비밀 서랍에 넣어놔서 누구도 읽을 수 없었지만 쓰기에 공을 들이는 것을 가족들이 여러 번 보았다고 한다. 조카가 책상에 앉아 책을 읽는 시간이 늘고, 식탁에서는 읽은 책을 가족들과 나누기도 한다는 소식을 들었을 때, 나는 왠지 기분이 좋았다.

물론 한 번 책을 읽는다고 해서 그것이 큰 변화를 일으키지는 않는다. 하지만 한 번 읽었다는 사실은 그 자체로 의미가 크다. 읽은 그것이 인상 깊으면 일찍부터 생활의 변화가 올 것이고, 이와 반대로 인상이 깊지 않다 해도 그것이 어디로 사라지지는 않을 것이다. 특히 어린 나이나 20대와 같이 생애의 특징이 성장에 집중되는 시기의 독서는 더욱 그렇다.

20대는 활어의 시간이다. 어떤 삶을 살아도 그것은 삶의 태동기이다. 철학자 토마스 바트린은 이야기한다. "죽은 고래는 아무리 커도 물살이 흐르는 대로 따라 흐르지만 살아 있는 송사리는 아무리 작아도 물살을 거슬러서 오를 줄 안다."라고 하면서, "책이 없으면 신도 침묵을 지키고, 정의는 잠자며, 자연과학은 정지되고, 철학도 문학도 말이 없을 것이다."

라고 한다. 그가 이야기하고 싶은 것은 '잘 살아가기 위해서는 독서를 해야 한다'는 강조점에 있다.

20대는 물살을 거슬러 오르는 활어의 시간

스무 살이 되자마자 무조건 외국으로 떠난 친구가 있다. 누구보다 자유를 추구하고 질서와 규율을 싫어한 친구이다. 규율이 엄한 고등학생 시절 머리에 물을 들이고, 교복 대신 사복을 입고, 점심때쯤 학교로 등교하던 친구는 공부는 그런대로 했다. 몇 번의 복장 불량으로 경고를 받았지만 그때마다 고비를 넘기며 무사히 학교를 마쳤다.

그 친구의 특징은 교과서는 없어도 늘 책을 끼고 다녔다는 점이다. 주로 명작소설이나 읽어도 잘 알지 못하는 사회 사상가들의 책이다. 영화에 등장하는 천재들처럼 툭하면 '너는 왜 공부를 하느냐'고 친구들에게 물어댄다. 친구들은 그를 피해 다녔지만, 나는 학교 앞 분식집에 앉아 라면을 같이 먹는 그의 유일한 친구였다.

친구는 입버릇처럼 말한다. "나는 자유를 찾아 떠날 거야." 그런 말을 들어서인지 그가 외국으로 떠난다는 한 통의 전화를 받고도 나는 무감했다. 무전여행을 가듯 아르바이트한 돈을 모아 가는 것이라 고생길로 간다는 생각을 하면서 부럽기도 했던 것도 사실이다. 그런데 친구는 2년을 채 넘기지 않고 돌아왔다. 옷은 자유로웠지만 표정은 복잡해 보였다.

그가 찾아 떠난 자유의 나라는 우리와는 다른 규제와 질서의 엄격한 통제 아래에 있다는 것을 알게 되었다고 한다. 겉으로는 자유롭고 하고 싶은 일을 맘껏 하는 것 같은데, 막상 가서 살아보니 규제 아닌 것이 없을 정도로 생활이 온통 지켜야 할 것들 뿐이었다는 것이다. 그런 생활이 익숙하지 않은 친구에게 그것은 또 다른 억압이었다고 한다. 어떻게든 버티다 고국으로 돌아온 친구는 외국에서 배운 시각 디자인으로 창의적인 사업가가 되었다.

친구는 털어놓는다. 내가 외국에서 가장 의지한 사람이 누군지 아냐고. 그건 『호밀밭의 파수꾼』이고 싶었던 홀든 콜필드였다. 학교에서 퇴학을 당하고 방황하면서도 줄곧 독서를 했던 소설 속 그 젊은이가 친구가 기댄 인물이었다. 왜 그랬을까. 그건 아마도 홀든의 삶을 자신의 거울처럼 여긴 탓이리라. 천애고아 같은 삶 속에서 독서는 그를 잡아준 단단한 허리가 되었고, 생각지 않은 사회제도 속에서 버팀이 되었던 것이다.

내 삶의 중심축은 인문고전 독서로부터

사람들은 말한다. 요즘 20대를 보면 '파이팅'을 외치기가 미안하다고. 지금은 여러모로 어려운 시기이다. 그럼에도 20대는 특별하다. 성년이 되었다는 것은 이제 두려움이 무엇인지 불안이 무엇인지 체감하는 시기가 되었다는 것이고, 또 미래를 고민하고, 사랑을 알아가고, 일을 선택할 수 있는 시기를 맞이했다는 의미이다. 사람이 독립하여 법률행위를 할 수 있는 능력을 인정받은 시기이다. 인문의 세계에 눈을 뜨기 시작하는 시기이다.

젊음의 시간은 독서를 하면서 인문의 가치를 새기기에 가장 좋은 때이다. 사람의 신체로 치면 허리에 속하는 중심의 시기이다. 휘어지거나 비뚤어지지 않게 온전하게 정신을 단련하는 방법은 인문학적 시력을 키우는 데 집중하는 것이다.

체 게바라는 "우리 모두 현실주의자가 되자, 그러나 가슴 속에는 불가능한 꿈을 꾸어야 한다."라고 말했다. 불가능의 꿈을 꾸기 위한 인문고전 독서는 이제 선택이 아니라 필수가 되었다. 어디에도 20대, 즉 청춘사용 설명서는 없다. 그러나 인문고전 안에는 인류가 살아온 유구의 시간들이 축적되어 있다. 삶이 무엇인지, 지혜는 어디서 오는지, 우리는 어떻게 살아야 할지, 살아가는 일이 고민일 때 인문고전 독서를 해보자. 인문고전 독서는 대체불가의 자기계발서이면서, 우리의 중심축을 굳건하게 지켜주는 필수 항목이다. 인문고전 독서는 이제 선택이 아닌 필수이다.